KB210285

능력과 가치를
높이고 싶다면
된다!

상위 1% 블로거가 쓰는
생성형 AI 활용 노하우

블로그
10분
작성법

된다!

기획부터 초안 작성, 사진 보정, 포스팅까지!

남들보다 더 많이 쓰고
꾸준하게 운영하자!

네이버 인플루언서 **코예커플(김상준, 강예진)** 지음

이지스 퍼블리싱

능력과 가치를 높이고 싶다면
된다! 시리즈를 만나 보세요.
당신이 성장하도록 돕겠습니다.

상위 1% 블로거가 쓰는 생성형 AI 활용 노하우

된다! 〉 블로그 10분 작성법

초판 발행 • 2024년 10월 15일
2쇄 발행 • 2024년 12월 13일

지은이 • 코예커플(김상준, 강예진)
펴낸이 • 이지연
펴낸곳 • 이지스퍼블리싱(주)
출판사 등록번호 • 제313-2010-123호
주소 • 서울특별시 마포구 잔다리로 109 이지스빌딩 3층(우편번호 04003)
대표전화 • 02-325-1722 | **팩스 •** 02-326-1723
홈페이지 • www.easyspub.co.kr | **인스타그램 •** instagram.com/easyspub_it
Do it! 스터디룸 카페 • cafe.naver.com/doitstudyroom | **페이스북 •** www.facebook.com/easyspub

총괄 • 최윤미 | **기획 및 책임편집 •** 임승빈 | **기획편집 1팀 •** 임승빈, 이수경, 지수민
교정교열 • 박명희 | **표지 디자인 •** 김근혜 | **본문 디자인 •** 김근혜, 트인글터 | **인쇄 •** 보광문화사
마케팅 • 권정하 | **독자지원 •** 박애림, 김수경 | **영업 및 교재 문의 •** 이주동, 김요한(support@easyspub.co.kr)

ISBN 979-11-6303-643-2 13000
가격 18,000원

이 책, 이런 분께 추천해요!

• 생성형 AI를 활용해 블로그를 빠르게 만들고 싶은 **초보 블로거**

• 이미 블로그를 운영 중이지만, 생성형 AI를 활용해 보고 싶은 **전문 블로거**

• 브랜드 확장을 목표로 블로그를 운영하는 **콘텐츠 크리에이터**

• 글쓰기를 해보지 않아 프롬프트 작성이 막막하고 어렵게만 느껴지는 **마케터**

• 부업으로 추가 수익을 내고 싶은 **N잡러 직장인**

• 생성형 AI 도구를 활용해 디지털 마케팅을 강화하려는 **자영업자**

연간 1,000만 명이 방문하는 IT 분야 상위 1% 블로그 '코예커플'의
생성형 AI를 활용한 블로그 글쓰기의 모든 것을 알려 드립니다!

생성형 AI를 활용하면 블로그를 만드는 것도, 포스팅도 걱정 없어요!

10년 넘게 블로그 업계에서 상위 노출을 꾸준히 유지해 오던 코예커플에게 챗GPT의 등장은 그리 반가운 일이 아니었습니다. 내 블로그로 유입되어야 할 검색 이용자를 빼앗길 것이 자명하고, 방문자의 이탈은 수입을 줄어들게 만드는 가장 큰 원인이 되기 때문이죠. 또한 챗GPT가 써준 글을 그대로 블로그에 적용하자니, 웹상에 떠도는 정확하지 않은 글을 짜깁기 하여 보여 주는 답변은 블로그 운영에 큰 도움이 되지 않을 게 뻔했습니다. 오히려 신뢰를 떨어뜨리는 등 악영향이 더 클 것입니다.

그렇게 별로 필요 없다고 여기며 애써 챗GPT의 존재를 외면했지만 얼마 지나지 않아 구글, 마이크로소프트, 네이버 등 세계 굴지의 기업에서 다양한 생성형 AI 서비스를 쏟아 내는 것을 보고 더 이상 무시할 수 없는 영역이라는 것을 깨달았습니다. 그래서 도태되기 전에 적극 활용해 보기로 마음을 바꿔 먹었습니다.

☑ 생성형 AI의 장단점을 파악하고 나에게 알맞게 적용해 보세요!

우선 생성형 AI의 장점과 단점을 파악해서 무엇을 내 것으로 만들지 전략을 세워야 했습니다. 생성형 AI는 웹상에 존재하는 수많은 데이터를 빠르게 수집, 학습하여 사용자 질문에 답변을 제공합니다. 사람이 하면 수시간 또는 수일이 걸리는 작업을 생성형 AI는 단 몇 초 만에 해낼 수 있다는 게 가장 큰 장점이죠. 이렇게 전지전능해 보이는 생성형 AI도 사람보다 부족한 점이 있습니다. 바로 인간 개개인이 느끼는 경험과 감정 그리고 독특한 시각을 글에 담아 내는 능력은 없다는 것입니다.

코예커플은 생성형 AI의 탁월한 글쓰기 능력과 나만의 경험, 감정 등을 결합해서 빠르면서도 전문가다운 글을 작성할 수 있었습니다. 그동안 3시간 넘게 걸렸던 포스팅을 이제는 단 10분 만에 완성할 수 있습니다. 생성형 AI와 나의 단점을 보완해서 시너지 효과를 낼 수 있었던 것이죠.

☑ 블로그 입문자, 숙련자 모두에게 유용한 방법을 담았습니다.

글쓰기는 블로그 입문을 어렵게 하는 가장 큰 장벽입니다. 생성형 AI가 등장하지 않은 시절에는, 글을 잘 쓰고 싶다면 다른 사람의 글이나 책을 많이 읽으면서 어휘력, 표현 방법, 글의 구조 등을 배우고 자신만의 글쓰기 스타일을 개발하라고 조언했습니다. 하지만 바쁜 현대인에게 많은 시간을 투자해야 하는 독서는 한계에 부딪히게 하죠.

이제 독서량이 부족한 사람도 프롬프트에 자신이 원하는 내용을 정확하게 요청할 줄만 알면 생성형 AI의 다양한 표현을 자신의 글에 활용할 수 있습니다. 이런 점에서 생성형 AI는 초보 블로거뿐만 아니라 숙련된 블로거에게도 유용한 도구입니다. 시간을 절약하고, 새로운 아이디어를 얻고, 글쓰기 능력을 향상하는 데 도움을 주기 때문이죠.

☑ 생성형 AI는 블로그 운영에도 큰 도움을 줍니다!

생성형 AI와 첫 만남은 반갑지 않았지만, 친해지고 보니 내 생활에 이만큼 도움을 주는 친구가 또 있을까 하는 생각이 들 정도로 블로그 운영 전반에 큰 영향을 미쳤습니다. 하지만 블로그에서 생성형 AI 글쓰기를 잘못 활용하면 저품질이라는 늪에 빠질 수 있다는 점도 유의해야 합니다. 따라서 이 도구를 활용해서 콘텐츠를 만들었다면 적재적소에 필요한 만큼만 사용하는 것이 중요합니다. 13년 동안 단 한 번도 저품질에 빠진 적 없이 블로그를 운영해 온 코예커플의 노하우를 속 시원히 알려 드리겠습니다. 이 책을 다 읽고 나면 글쓰기뿐만 아니라 블로그를 운영하면서 겪는 어려움까지도 어느새 사라지고 자신감이 생길 것이라 확신합니다.

끝으로 이 책을 펴낼 수 있게 도움을 주신 이지스퍼블리싱 임직원분들과 항상 힘이 되어 주는 든든한 동료 블로거분들에게 감사의 인사를 전합니다. 그리고 양가 부모님과 두 딸 로아, 로희 모두 사랑합니다!

코예커플(김상준, 강예진) 드림

블로그 글쓰기, 생성형 AI 덕분에 걱정 없어요!
내 시간을 아껴 줄 생성형 AI 활용법이 여기 있었네요!

글쓰기에 자신이 없다면 강력 추천!

이 책은 블로그 글쓰기의 새로운 지평을 열어 줍니다. 초보자도 쉽게 따라 할 수 있는 단계별 설명과 실제 사례가 풍부해서 누구나 창의적인 콘텐츠를 효과적으로 생산할 수 있습니다. 생성형 AI가 아직 낯설다면 이 책으로 인공지능 시대를 대비하세요. 특히 효율적인 글쓰기를 하고 싶은 블로거에게 강력 추천합니다!

▶ 카카오엔터프라이즈 _ PM 최희재

초보 블로거, 전문 블로거 모두 필요한 책이에요!

챗GPT, 클로바 X 등 다양한 생성형 AI 도구의 기본적인 사용 방법뿐만 아니라, 블로그에 어떻게 활용하는지까지도 소개합니다. 특히 생성형 AI를 활용한 본문 보강 방법은 IT 블로거에게 유용한 팁이 될 것입니다. 새로운 기술을 블로그에 접목하고 싶은 분들에게 추천합니다.

▶ 주식회사 유어사이드 대표 _ 최순호(하얀북극곰)

시간이 부족한 직장인에게 능률과 생산성을 높여 줍니다!

육아, 회사 업무에 치여 시간이 절대적으로 부족해서 블로그를 운영하기 어렵다면, 생성형 AI 활용을 적극 추천합니다. 아이디어만 있으면 퀄리티 높은 콘텐츠를 빠르게 작성하는 데 도움을 받을 수 있기 때문이죠. 그러나 생성형 AI를 무분별하게 사용하면 오히려 역효과가 날 수 있습니다. 그럼 생성형 AI를 어디에, 어떻게 활용하면 좋을까요? 이 책과 함께하면 쉽습니다.

▶ 《나는 블로그로 월급보다 많이 번다》 저자 _ 정태영(짜루)

블로그 운영, 관리 노하우까지 배워 보세요!

블로그를 시작했지만 어떻게 글을 써야 할지 막막한가요? 일단 이 책과 함께 시작해 보세요. 생성형 AI를 이용해 글감을 찾고, 글을 구성하고, 더 나아가 이미지를 만드는 방법까지도 알려 줍니다. 또한 IT 분야 상위 1% 블로그 운영자의 블로그 관리 노하우도 풍부해서 초보자부터 경험자까지 도움받을 수 있을 거예요.

▶ IT 블로거 _ 모이모이

이 책의 구성

이 책은 크게 세 부분으로 구성했습니다. 여러분이 생성형 AI를 쉽고 빠르게 활용해서 블로그 만들기, 글쓰기, 운영 노하우까지 학습할 수 있도록 돕습니다.

다양한 생성형 AI의 특징을 파악하고 상황에 맞게 활용해 보세요!
– 챗GPT, 코파일럿, 제미나이, 클로바 X 등

> 사용 방식이 각각 달라요!

챗GPT 코파일럿 제미나이 클로바 X

챗GPT, 코파일럿, 제미나이, 클로바 X 등의 대화형 생성형 AI뿐만 아니라 캔바, 어도비 파이어플라이 등의 이미지 생성, 콘텐츠 기획, 사진 보정에 사용하는 도구까지도 상황에 맞게 활용할 수 있도록 도와줍니다. 생성형 AI 도구마다 장단점과 활용법을 상세히 설명했으니 블로그를 운영할 때 효율적으로 사용해 보세요.

프롬프트 작성 양식을 제공해요!
– '이렇게 써보세요!' 코너

> '이렇게 써보세요!' 코너를 확인하세요!

어떻게 질문하면 좋을지 고민하지 말고, 이 책에서 사용한 프롬프트 작성 양식 그대로 써 보세요. 효과적인 프롬프트 작성 방법 예시와 실습을 통해 독자가 바로 적용할 수 있도록 돕습니다.

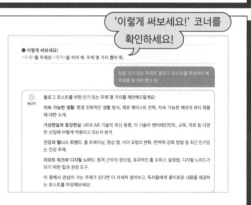

상위 1% IT 블로거의 운영 노하우도 배워요!
– '스페셜' 코너

> 걱정 금물! 블로그 운영 노하우까지 알려 드려요~

13년간 저품질 블로그에 빠진 적이 없는 IT 분야 상위 1% 블로그 '코예커플'의 운영 비법도 알려 드려요. 콘텐츠 기획, 검색 엔진 최적화(SEO) 전략, 방문자와 소통하는 노하우 등 내 블로그를 효과적으로 성장시킬 수 있는 방법을 배울 수 있습니다.

시간을 아껴 효율적으로 학습할 수 있도록 상황별 진도표를 제공합니다. 블로그를 이미 운영해 봤다면 **3일 완성 코스**로 자신에게 필요한 내용만 짚고 넘어가고, 이번에 블로그를 처음 개설한다면 **5일 완성 코스**로 이 책의 내용을 꼼꼼히 살펴보세요. 날짜를 써놓고 실천하면 목표를 달성할 수 있어요.

블로그를 이미 운영해 봤다면!

✦ 3일 완성 코스 ✦

생성형 AI를 빠르게 활용하고 싶은 분께 추천!

날짜	학습 목표	범위	쪽수
1일 차 __월 __일	생성형 AI를 이해하고 활용하기	01-1, 02-1~02-4	14~23, 42~68
2일 차 __월 __일	유형별 글쓰기 기법	03-1~03-3	69~103
3일 차 __월 __일	이미지 생성&사진 보정	04-1~04-5	107~169

블로그를 처음 만든다면!

✦ 5일 완성 코스 ✦

생성형 AI를 본격적으로 활용하고 싶은 분께 추천!

날짜	학습 목표	범위	쪽수
1일 차 __월 __일	생성형 AI 이해하기	01장	14~41
2일 차 __월 __일	생성형 AI를 활용한 글쓰기	02장	42~68
3일 차 __월 __일	유형별 글쓰기 기법	03장	69~106
4일 차 __월 __일	이미지 생성&사진 보정	04장	107~172
5일 차 __월 __일	브랜딩 확장 방법	05장	173~211

생성형 AI를 활용해 블로그를 운영할 때 참고할 대표적인 궁금증 3가지만 뽑아 보았습니다. 10년 넘게 파워 블로거로, 인플루언서로 활동한 코예커플의 블로그 운영 노하우가 담긴 친절한 답변을 확인해 보세요.

Q1 블로그는 처음인데, 생성형 AI를 어떻게 활용할 수 있을까요?

이 책은 생성형 AI로 블로그를 시작하는 방법을 자세히 안내합니다. 초보 블로거를 위해 다양한 생성형 AI를 소개하므로 이 도구를 활용해 블로그 글을 작성하고 관리하는 효율적인 방법을 배울 수 있습니다. 자신에게 맞는 생성형 AI를 찾아보세요.

▶ 01-3절을 참고하세요!

Q2 이미 운영하는 블로그를 더욱 효과적으로 관리하고 싶은데, 생성형 AI가 도움이 될까요?

이 책은 전문 블로거를 대상으로 생성형 AI를 활용해 블로그 콘텐츠를 더욱 효율적으로 제작하고 관리하는 방법을 설명합니다. 전문가 스타일, 캐주얼 스타일, 협찬 스타일 등 분야별 글쓰기 기법과 생성형 AI 도구 활용법으로 블로그의 품질을 향상할 수 있습니다.

▶ 03장을 참고하세요!

Q3 블로그를 통해 내 브랜드를 알리고, 다양한 플랫폼으로 콘텐츠를 확장하려면 어떻게 해야 하나요?

이 책은 블로그를 통해 브랜드를 널리 알리고, 인스타그램과 유튜브 등 다양한 플랫폼으로 콘텐츠를 확장하는 원 소스 멀티 유즈(OSMU) 전략을 소개합니다. 또한 해외 블로그를 만들고 운영하는 등 효과적인 브랜딩 확장 방법을 배울 수 있습니다.

▶ 05장을 참고하세요!

'Do it! 스터디룸'을 소개합니다!

'Do it! 스터디룸'에서 이 책으로 공부하는 독자들을 만나 보세요. 혼자 시작해도 함께 끝낼 수 있어요. '두잇 공부단'에 참여해 이 책을 완독하고 인증하면 이지스퍼블리싱에서 발간한 책을 선물로 받을 수 있답니다!

▶ Do it! 스터디룸
: cafe.naver.com/doitstudyroom

이지스퍼블리싱 블로그에서 정보를 얻어 가세요!

이지스퍼블리싱 블로그에서 책과 관련된 다양한 이야기를 만나 보세요! 실무에 도움되는 내용은 물론 실생활에 필요한 정보까지 모두 얻어 갈 수 있습니다.

▶ 이지스퍼블리싱 블로그
: blog.naver.com/easyspub_it

공식 인스타그램을 팔로우하고 다양한 이벤트에 참여하세요!

이지스퍼블리싱 공식 인스타그램에서 신간 정보와 책 관련 이벤트 소식을 빠르게 확인할 수 있습니다. 다양한 이벤트에 참여하고 선물도 받아 가세요!

▶ 이지스퍼블리싱 인스타그램
: instagram.com/easyspub_it

일러두기

▶ 이 책에서 사용한 용어와 화면 이미지, 대화 내용은 2024년 9월의 챗GPT, 코파일럿, 제미나이, 클로바 X의 무료 버전
을 기준으로 합니다. 추후 프로그램 업데이트로 화면이 바뀔 수 있습니다.

▶ 이 책에 포함된 정보의 정확성을 확보하기 위해 노력했지만 인공지능(AI)의 빠른 변화로 바뀔 수 있으므로 구매한 후
바로 읽고 실습하기를 권장합니다.

01

생성형 AI로 블로그를 시작해야 하는 이유

인공지능(AI)은 이제 더 이상 영화에나 나올 법한 머나먼 미래의 기술이 아닙니다. 챗GPT를 비롯해 인공지능의 중요한 구성 요소인 대규모 언어 모델을 기반으로 한 생성형 AI 서비스가 블로그 글쓰기 분야에도 혁신을 가져왔습니다. 이번 장에서는 13년째 IT 블로그 '코예커플 IT'를 운영하며 쌓은 블로그 글쓰기 노하우와 함께 생성형 AI를 어떻게 활용할 수 있는지 알아보겠습니다.

블로그에 활용할
대표적인 생성형 AI를 소개합니다!

01-1

#블로그 #챗GPT #챗GPT플러스 #제미나이 #코파일럿 #클로바X

블로그는 자신의 생각과 경험, 지식을 널리 공유할 수 있는 강력한 플랫폼입니다. 하지만 양질의 콘텐츠를 꾸준히 생산하는 것은 결코 쉬운 일이 아닙니다. 시간 부족, 아이디어 고갈, 글쓰기 어려움 등 다양한 장애물이 발목을 잡습니다.

반복적인 글쓰기에 지쳤나요? 아이디어가 떠오르지 않아 고민하고 있나요? 이제 인공지능이 여러분의 글쓰기를 혁신적으로 변화시켜 줄 것입니다. 주제 선정부터 자료 검색, 원하는 말투 변환 등 단 몇 초 만에 글쓰기를 끝낼 수 있습니다.

본격적으로 시작하기 전에 **이 책에서 활용할 대표적인 생성형 AI 서비스 4가지를 소개합니다. 서비스마다 특징이 있으므로 하나씩 알고 넘어가세요.** 여기에서는 서비스별 작동 원리보다 블로그 글쓰기와 관련된 핵심 개념 위주로 설명하려고 하니, 가볍게 읽고 따라와 주세요.

생성형 AI의 선두 주자, 챗GPT

챗GPT(ChatGPT)는 사용자가 질문하면 인공지능이 대답하는 대표적인 챗봇형 생성형 AI입니다. 챗GPT를 개발한 오픈AI(OpenAI)는 2018년 첫 번째 대규모 언어 모델 GPT-1을 발표한 이후 2022년 GPT-3.5를 시작으로 2024년에는 GPT-4o에 이어 OpenAI o1까지 선보였습니다. 챗GPT는 업데이트할 때마다 뛰어난 성능으로 세상을 놀라게 했죠.

> ▶ o는 라틴어인 omni의 줄임말이므로 '오'로 읽습니다. 옴니(omni)는 '모든', '어디에나'를 뜻합니다.

> ▶ o1 버전은 복잡한 작업을 추론하고, 이전 모델보다 과학, 코딩, 수학 분야에서 더 어려운 문제를 해결할 수 있다는 차이점이 있습니다.

GPT-3.5	→	GPT-4	→	GPT-4o, GPT-4o 미니, OpenAI o1
2022년		2023년		2024년

챗GPT는 오픈AI의 웹 사이트(chat.openai.com)에서 2024년 9월 기준으로 미니 버전을 무료로 사용할 수 있습니다. 하지만 제한 없는 이미지 생성 등 새롭게 추가된 기능이나 오디오, 영상 등을 함께 활용하는 다중 모달 기능을 제대로 사용하고 싶다면 챗GPT 플러

> ▶ 다중 모달(multi-modal)이란 글, 이미지, 음성, 영상 등 다양한 유형의 데이터를 함께 활용하는 AI 모델입니다.

스 요금제(월 20달러)를 구독해야 합니다.

생성형 AI의 대표 주자!

챗GPT 화면

구글의 방대한 데이터를 활용하는 제미나이

구글(Google)에서 개발한 제미나이(Gemini)는 2023년 12월 바드(Bard)라는 이름으로 출시했으나, 2024년 초 GPT-3.5보다 방대한 양의 데이터를 학습하고 대규모 업데이트를 거쳐 현재의 이름으로 변경했습니다.

다중 모달 모델인 제미나이는 웹 사이트(gemini.com)에서 무료로 사용할 수 있습니다. 새로운 엔진을 탑재한 제미나이 어드밴스드(Gemini Advanced) 버전은 구글의 지메일이나 독스 등 기존 서비스와 연동해서 활용할 수 있으며 이용료는 월 29,000원입니다.

방대한 데이터를 자랑하는 제미나이!

제미나이 화면

협업에 특화! 마이크로소프트의 코파일럿

코파일럿(Copilot)은 마이크로소프트(Microsoft, MS)에서 GPT-4를 기반으로 만든 다중 모달 모델입니다. 이미지 생성 기능도 무료로 제공하므로 평소 윈도우 PC와 MS 오피스를 자주 사용한다면 활용하기 좋은 생성형 AI입니다.

MS 검색 엔진인 빙(Bing)에 통합되어 있는 코파일럿은 윈도우 11과 엣지 브라우저에서 사용할 수 있습니다. 또한 마이크로소프트 365를 구독해 사용하고 있다면 오피스 앱과 코파일럿을 연동할 수도 있습니다. 유료 버전인 코파일럿 프로(Copilot Pro)의 이용료는 월 20달러입니다.

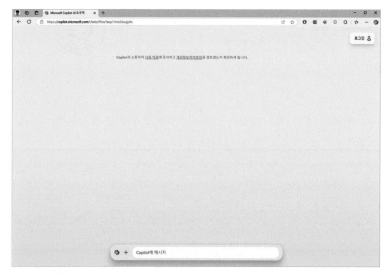

코파일럿은 엣지에서 바로 사용할 수 있어요!

코파일럿 화면

✕ 대한민국의 데이터를 담은 네이버의 클로바 X

클로바 X(CLOVA X)는 네이버에서 출시한 대규모 언어 모델입니다. 네이버의 방대한 데이터를 학습해서 자사 서비스 데이터인 네이버 쇼핑, 네이버 여행뿐 아니라 '스킬' 기능을 이용하면 국내 타사 데이터까지도 활용할 수 있습니다.

스킬 기능으로는 쏘카(카 셰어링), 원티드(채용 정보), 컬리(식재료 판매), 트리플(여행 일정) 등이 있습니다. 2024년 9월 기준으로 한국어, 영어, 일본어 등을 지원하며 이미지 편집(AI 지우개) 등의 기능을 이용할 수 있습니다.

클로바 X 화면

지금까지 챗GPT, 제미나이, 코파일럿 그리고 클로바 X를 간략히 소개하고 특징을 알아보았습니다. 대표적인 생성형 AI의 종류를 간단히 표로 정리하면 다음과 같습니다.

구분	챗GPT			제미나이	코파일럿	클로바 X
	비로그인	로그인	플러스			
제작사	오픈AI	오픈AI	오픈AI	구글	마이크로소프트	네이버
이용료	무료	무료	월 20달러	무료/유료	무료/유료	무료
최신 정보 반영	제한적	10회 제한, 약 4시간 후 초기화	웹 브라우징 기능을 이용해 제공	제공	제공	제공
이미지 생성 기능	불가능	2회 제한, 약 24시간 후 초기화	가능	가능	가능	제한적
이미지 업로드 기능	미지원	일부 지원	지원	지원	지원	지원

생성형 AI가 처음이라면 무료 버전부터 써보세요!

코파일럿은 오픈AI의 최신 데이터를 기반으로 구동합니다. 따라서 처음부터 챗GPT의 유료 서비스를 구독하기보다 먼저 무료 버전을 활용해 보고, 자신에게 최신 정보가 필요한지 가늠해 보세요.

▶ 코파일럿이 궁금하다면 04-2절을 참고하세요.

특히 윈도우 11 또는 엣지 브라우저 사용자라면 챗GPT를 따로 설치하지 않고 기본으로 탑재된 코파일럿을 사용해 보는 것도 좋습니다. 코파일럿은 본래 사용하던 서비스에서 제공하므로 생성형 AI를 기반으로 한 글쓰기를 쉽게 시작할 수 있습니다.

또는 제미나이나 클로바 X와 같이 간단히 회원 가입만 해도 무료 체험을 할 수 있는 서비스부터 사용해 보는 것도 추천합니다. 다양한 옵션을 경험해 본 후 필요에 따라 유료 서비스를 고려해 보세요.

▶ 챗GPT의 유료 기능을 무료로 사용하는 방법은 23쪽 [알아 두면 좋아요!]를 참고하세요.

하면 된다! ▶ 챗GPT 가입하고 사용해 보기

앞에서 소개한 4가지 생성형 AI 가운데 챗GPT를 먼저 사용해 볼까요? 챗GPT는 회원 가입을 하지 않아도 바로 사용할 수 있습니다. 하지만 로그인한 후 사용하면 챗GPT가 대화 내용을 기억하고 참고하여 맞춤형 답변을 해줍니다. 또한 언제든지 이전 대화를 확인할 수 있어서 데이터를 저장하고 활용하기 좋습니다. 그러므로 챗GPT는 회원 가입을 한 후 사용하는 것을 추천합니다.

▶ 이 책에서는 챗GPT 무료 버전을 기준으로 실습을 진행했으며, 필요에 따라 유료 버전인 GPT-4o를 사용했습니다. 챗GPT 화면에 버전이 있으니 참고하세요!

1. 챗GPT 회원 가입 및 로그인하기

챗GPT 웹 사이트에 접속합니다. 아이디가 있으면 바로 [로그인]을 클릭하고, 없으면 [회원 가입]을 선택합니다.

> • **챗GPT 웹 사이트**: chatgpt.com

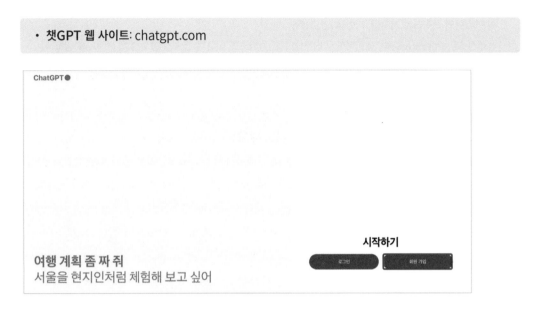

2. ❶ 빈칸에 회원으로 가입할 사용자의 이메일 주소를 입력합니다. 이때 실제로 자신이 사용하는 이메일 주소를 입력해야 합니다. ❷ 비밀번호를 12자리 이상 입력하고 ❸ [계속]을 클릭하면 앞서 작성한 주소로 인증 이메일이 발송됩니다.

3. ❶ 성명과 ❷ 생일을 입력하고 ❸ [동의함]을 클릭하면 앞서 작성한 이메일 주소로 확인 링크가 발송됩니다.

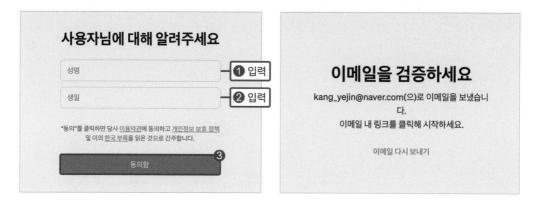

4. 이메일함을 열어 인증 이메일을 확인하고 [이메일 주소 인증]을 클릭합니다.

5. 챗GPT를 시작하기 전에 숙지해야 할 팁 3가지를 읽어 보고 오른쪽 아래에서 [이제 시작하죠]를 클릭합니다.

6. 챗GPT에게 질문하기

챗GPT의 기본 화면입니다. ❶ 화면 아래 [메시지 ChatGPT]라고 써 있는 프롬프트 창에 질문 또는 요청할 내용을 입력하고 ❷ 보내기 아이콘 ⬆을 클릭하거나 [Enter]를 눌러 보세요.

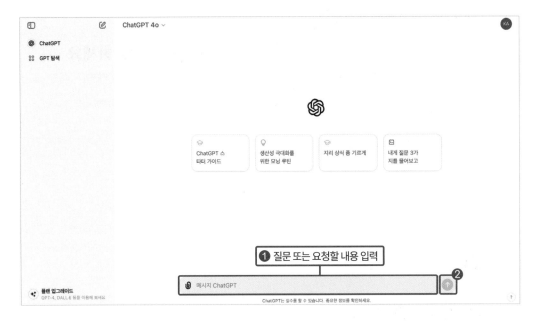

7. 챗GPT에게 답변받기

챗GPT의 프롬프트 창에 제주도 여행을 준비하는 영유아 동반 가족에게 '뽀로로 앤 타요 테마파크'를 소개하는 블로그 포스트를 작성해 달라고 요청해서 받은 답변이 완성되었습니다.

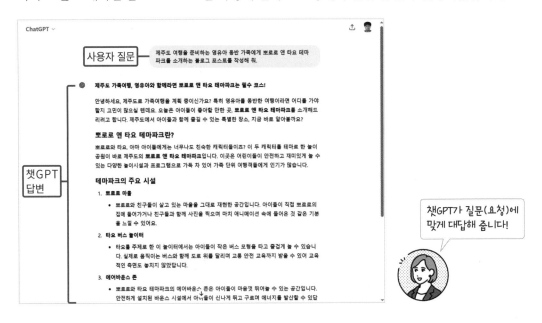

지금까지 챗GPT 웹 사이트에 접속해서 회원 가입을 한 뒤 이용 방법을 알아보았습니다. 이 책에서는 챗GPT뿐만 아니라 제미나이, 코파일럿, 클로바 X도 활용하므로 각각 웹 사이트에 접속해서 회원 가입 먼저 해주세요.

- **제미나이 웹 사이트:** gemini.google.com
- **코파일럿 웹 사이트:** copilot.microsoft.com
- **클로바 X 웹 사이트:** clova-x.naver.com

💡 **알아 두면 좋아요!** **챗GPT의 유료 기능을 무료로 사용하는 방법 — 코파일럿, 뤼튼**

코파일럿은 오픈AI의 최신 데이터를 기반으로 구동합니다. 그러므로 챗GPT를 유료로 구독하기 부담스럽다면 코파일럿을 활용하여 챗GPT의 유료 기능을 무료로 체험해 볼 수 있습니다. 또한 코파일럿에서는 유료 구독을 하지 않아도 이미지를 손쉽게 생성할 수 있습니다. 유료 생성형 AI인 미드저니(Midjourney)나 스테이블 디퓨전(Stable Diffusion)과 달리 코파일럿은 프로그램을 따로 설치하지 않아도 자연어를 입력해 이미지를 생성할 수 있습니다.

코파일럿 외에 국내 서비스로 뤼튼테크놀로지스의 **뤼튼**(Wrtn)이 있는데 2023년 12월부터 유료에서 무료로 전환되었습니다. 뤼튼은 이미지 생성, 확장 앱, 프롬프트 저장 등 챗GPT 플러스의 유료 기능을 무료로 체험할 수 있는 코파일럿 기능을 동일하게 활용할 수 있습니다. 참고로 이 서비스에서는 GPT3.5, GPT-4, wrtn Search, Claude Instant, Claude 2.1, PaLM2 등 다양한 언어 모델을 선택해 적용해 볼 수 있습니다.

코파일럿 화면

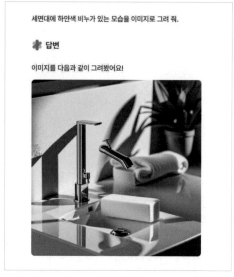

뤼튼 화면

01-2 생성형 AI를 활용한 블로그 글쓰기의 장단점

#생성형AI #블로그 #글쓰기 #검색엔진최적화 #SEO #표절 #저작권침해

챗GPT와 같은 생성형 AI가 등장하면서 일부에서는 "인공지능이 사람보다 글쓰기를 잘한다"라며 큰 충격을 받았습니다. 그리고 인공지능이 사람의 일자리를 대체할 것이라는 걱정과 우려도 제기했죠.

하지만 반대로 생성형 AI를 인간의 경쟁자가 아닌 협력 도구로 활용한다면 어떨까요? 실제로 블로그를 운영하는 코예커플의 경험을 바탕으로 생성형 AI를 활용한 블로그 글쓰기의 장단점을 살펴보겠습니다.

생성형 AI를 활용한 블로그 글쓰기의 장점

먼저 이 책의 출간 이유라고도 할 수 있을, 생성형 AI를 활용한 블로그 글쓰기의 장점을 4가지로 정리해 보겠습니다.

장점 1 시간을 절약할 수 있습니다!

블로그 입문자는 글쓰기에 많은 시간과 노력을 들여야 한다는 점에서 시작을 주저합니다. 하지만 생성형 AI를 활용한다면 주제 선정, 자료 조사, 글쓰기, 검색 엔진 최적화(search engine optimization, SEO)까지 단 몇 초 만에 해낼 수 있습니다. 블로그 글쓰기에 이젠 더 이상 시간을 낭비할 필요가 없게 된 것이죠.

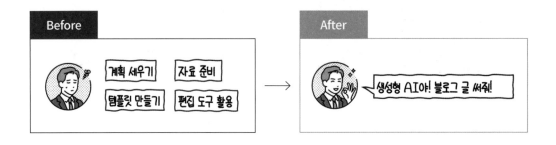

장점 2 아이디어를 확장할 수 있습니다!

글쓰기에서 아이디어는 핵심 요소입니다. 블로그 글을 쓰려면 독자의 흥미를 끌고 생각할 거리를 제공하며 새로운 것을 알려 주는 아이디어가 중요하기 때문입니다. 이때 생성형 AI를 활용해 보세요. 자신이 알지 못했던 새로운 정보와 통찰력을 얻을 수 있을 뿐만 아니라 생성형 AI가 제공하는 참신한 아이디어를 글에 잘 녹여 내면 내용을 한층 더 풍부하고 깊이 있게 표현할 수 있습니다.

> **Anonymous**
> 요즘 인기있는 주제로 블로그 포스트를 작성하려 해. 주제 몇 가지 뽑아줘.
>
> **ChatGPT**
> 물론입니다! 다양한 주제 중에서 인기 있는 몇 가지를 추려봤습니다:
>
> 1. **사회 문제와 관련된 주제:**
>   - 미래의 일자리와 인공지능: 인공지능의 발전이 미래의 일자리에 미치는 영향과 대비책에 대해 다루어보세요.
>   - 환경 보호와 지속 가능한 삶: 환경 보호에 대한 중요성과 우리가 개인적으로 할 수 있는 지속 가능한 삶의 방법에 대해 논의해보세요.
> 2. **건강과 웰빙 관련 주제:**
>   - 멘탈 헬스와 스트레스 관리: 스트레스의 원인과 효과적인 스트레스 관리 방법에 대해 알아보세요.
>   - 다이어트와 영양: 건강한 식습관을 유지하고 체중을 관리하는 방법에 대해 소개해보세요.
> 3. **취미와 창작 관련 주제:**

장점 3 글의 완성도를 높일 수 있습니다!

생성형 AI는 오탈자, 맞춤법은 물론 문장 구조까지 자동으로 바로잡아서 글의 완성도를 높여 줍니다. 이제 맞춤법 걱정 대신 글의 내용과 주제에 더욱 집중할 수 있습니다. 챗GPT가 블로그 글을 다듬기 전과 후를 한번 비교해 볼까요? 다음은 필자가 직접 작성한 블로그 글과 챗GPT에게 교정해 달라고 요청해서 받은 결과물입니다. 노랗게 색칠한 부분을 살펴보세요.

> **Before** | **블로그 포스트 원본**
>
> 안녕하세요. 코예커플입니다. 갤럭시S10 소식이 하나둘씩 유출되고 있습니다. 최근에는 실제와 비슷해 보이는 완성도가 높은 렌더링도 쉽게 이미지로 찾아볼 수 있었는데요. 이 소식과 함께 폰을 바꿀 계획을 하신 분들에게는 기쁜 소식이 있습니다. 바로 갤럭시S9 가격이 많이 떨어지고 있다는 것인데요. 그래서 많이들 정보를 찾아보고 있을 것으로 예상됩니다.

> **After** | **챗GPT가 다듬은 블로그 포스트**
>
> 안녕하세요. 코예커플입니다. 갤럭시 S10 소식이 하나둘씩 공개되고 있습니다. 최근에는 실제와 거의 흡사한 완성도 높은 렌더링 이미지도 쉽게 찾아볼 수 있죠. 이 소식에 힘입어 폰을 바꿀 계획을 세우고 있는 분들에게는 기쁜 소식이 있습니다. 바로 갤럭시 S9의 가격이 크게 하락하고 있다는 사실입니다. 많은 분들이 S9에 대한 정보를 찾고 있을 것으로 예상됩니다.

장점 4 **콘텐츠를 다양한 형식으로 변형할 수 있습니다!**

생성형 AI는 단순히 블로그 글쓰기를 돕는 데 그치지 않습니다. 콘텐츠를 블로그 외에 다양한 형식으로 변형할 수도 있지요. 일반적인 글을 기사 형식으로 재구성하거나 소설, 스토리텔링 등 다른 장르로 변환할 수도 있습니다. 이처럼 생성형 AI는 동일한 내용을 여러 가지 방식으로 재해석하고 표현해서 콘텐츠를 다채롭게 생성할 수 있도 ▶ 05-2절, 05-3절을 참고하세요. 록 도와줍니다.

예전에 코예커플이 작성한 블로그 글을 뉴스 기사 형식으로 바꿔 달라고 챗GPT에게 요청해서 받은 결과를 비교해 봅시다. 프롬프트 창에 블로그 포스트 원본을 복사해서 붙여 넣은 뒤 "이 글을 뉴스 기사 형식으로 바꿔 줘."라고 입력하면 됩니다.

Before **블로그 포스트 원본**

<모바일 신분증 운전면허증 발급 방법>

1. 모바일 운전면허증 소개: 모바일 운전면허증은 스마트폰 앱을 통해 실제 운전면허증을 대신 사용할 수 있는 공공 서비스입니다. 2017년부터 도입되었으며, 현재 국내 대부분의 기관에서 신분증, 본인인증 등의 용도로 활용되고 있습니다. 모바일 신분증 앱을 통해서 발급받을 수 있으며, 운전면허증 소지자가 스마트폰에서 자신의 운전면허증 정보를 확인하고 제시할 수 있습니다.

After **챗GPT가 뉴스 기사 형식으로 바꾼 결과**

<모바일 운전면허증, 새로운 대안 출시>

2024년 3월 9일 - 운전면허증의 디지털화가 진전되고 있습니다. 최근 소개된 모바일 운전면허증은 실제 운전면허증을 대체할 수 있는 공공 서비스로, 스마트폰 앱을 통해 이용 가능합니다.

2017년에 처음 도입된 이 서비스는 현재 국내 대다수 기관에서 신분증 및 본인인증 등 다양한 용도로 사용되고 있습니다. 이를 통해 운전면허증 소지자는 스마트폰에서 자신의 운전면허증 정보를 확인하고 제시할 수 있습니다.

💡 **알아 두면 좋아요!** **챗GPT의 자연어 처리 능력이 뛰어난 이유**

챗GPT의 3 버전은 약 1,750억 개의 파라미터(parameter, 매개변수)를 사용합니다. 파라미터란 인공지능이 스스로 결정하는 변수 또는 가중치로, 이는 모델이 학습 과정에서 스스로 조절하며 최적의 결과를 도출해 낼 때 활용하는 요소를 의미합니다. 쉽게 말해 파라미터가 많으면 성능이 좋은 것입니다.

오픈AI에서 GPT-3 이후 버전의 파라미터 수는 공개하지 않았지만, 아마도 그 이상일 것으로 추측합니다. 챗GPT는 이처럼 많은 파라미터를 활용하여 인간과 유사한 수준의 자연어 처리 능력을 구현할 수 있습니다.

생성형 AI를 활용한 블로그 글쓰기의 단점과 해결 방법

생성형 AI는 몇 가지 단점도 있습니다. 먼저 학습 데이터의 오류나 편향성이 반영되어 정확성이 떨어진다는 문제가 생길 수 있습니다. 또한 저작권 침해나 허위 정보 생성 등 윤리 문제도 우려됩니다. 독창성 부족으로 유사하거나 저품질 콘텐츠를 만들어 낼 위험도 있습니다.

이러한 생성형 AI의 한계점은 기술 발전과 더불어 중요한 고려 사항이 되고 있습니다. 그러니 우리도 생성형 AI의 단점과 한계를 인지해서 이를 보완하는 노력 또한 해야 합니다. 여기에서는 생성형 AI의 3가지 단점과 해결 방법을 소개합니다.

▶ 저작권 침해와 관련해서는 [스페셜 3]을 참고하세요.

단점 1 정확도가 떨어질 수 있습니다!

생성형 AI는 학습 데이터를 기반으로 작동하므로 데이터 자체에 오류나 부족한 정보가 있다면 부정확한 답변을 할 수밖에 없습니다. 특히 챗GPT와 같은 대규모 언어 모델은 방대한 양의 텍스트 데이터로 학습하지만, 그 과정에서 데이터의 편향성이나 오류를 완벽하게 걸러 내기 어렵습니다. 결국 생성형 AI는 학습 데이터에 내재한 문제점이 그대로 반영될 수밖에 없다는 한계가 있습니다.

예를 들어 챗GPT에게 '뽀로로 앤 타요 테마파크 제주'의 위치 정보를 물어보니, "제주시에 위치해 있습니다."라는 첫 답변을 받았습니다. 그럴듯해 보이지만 실제로는 '제주시'가 아니라 '서귀포시'에 위치합니다.

▶ 주소 관련 정보는 반드시 교차 검증(cross-check)을 해야 해요!

> 뽀로로 앤 타요 테마파크 제주의 위치를 알려 줘.

챗GPT
뽀로로 앤 타요 테마파크는 제주시에 위치하고 있어. 정확한 주소는 제주특별자치도 제주시 일도2동 3020번지이야. 만약 찾아가실 때에는 네비게이션을 이용하거나 지도를 확인하시면 쉽게 찾으실 수 있을 거야. 재미있는 시간 보내시길 바라요!

해결 방법 다른 생성형 AI로 검증해서 정확도 높이기

제미나이에서는 구글 지도, 유튜브 등 구글의 자체 데이터를 원활하게 활용할 수 있습니다. 특히 위치 정보를 물으면 구글 지도에 등록된 주소, 영업 시간, 전화번호는 물론이고 실제 위치를 지도로 시각화해서 보여 줍니다. 구글의 방대한 데이터베이스와 연동하므로 제미나이는 위치 관련 정보의 정확성과 신뢰성이 높습니다. 이처럼 여러 생성형 AI의 특징을 기억해 두었다가 쓰임새에 맞게 사용하면 콘텐츠의 정확도를 높일 수 있습니다.

구글 지도와 연동해서
위치 이미지까지 보여
주는 제미나이!

단점 2 표절과 같은 저작권 침해 문제가 발생할 수 있습니다!

생성형 AI는 사용자의 의지와 무관하게 다른 사람의 저작물을 무단으로 표절하거나 허위 정보를 생성할 수 있습니다. 또한 차별이나 편견을 조장하는 글을 작성할 수 있습니다. 실제로 몇몇 소설가는 챗GPT를 개발한 오픈AI를 상대로 무단 표절에 대한 저작권 침해 소송을 제기하기도 했습니다. 이처럼 생성형 AI를 활용할 때에는 윤리 문제에 경계심을 가져야 합니다.

해결 방법 코파일럿으로 출처를 찾아 제공하기

코파일럿에서는 답변의 출처를 제공하므로 사실 검증과 저작권 출처를 표기하기 쉽습니다.

▶ 출처를 표기했다고 해서 저작권 침해에서 자유로울 수 없다는 점도 알아 두세요.

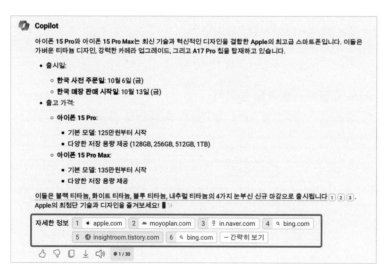

출처를 확인하기
쉬운 코파일럿!

단점 3 **유사 및 저품질 문서로 분류될 수 있습니다!**

생성형 AI는 기존 데이터를 기반으로 콘텐츠를 생성하므로 이미 다른 곳에서 유사한 내용으로 작성될 가능성이 있습니다. 이러한 이유로 네이버 등 주요 검색 포털에서는 원본 글과 유사도가 높은 글을 '유사 문서' 또는 '저품질 문서'로 분류해 검색 결과에서 누락하는 경우가 있으니 주의해야 합니다.

최근 네이버 검색에서는 챗GPT 등 '생성형 AI 활용 문서에 대한 검색 노출 정책 안내'라는 글에서 "뉴스, 웹 사이트, 블로그 등 다른 사람의 콘텐츠를 복사 및 짜깁기하여 대량의 콘텐츠를 생성형 AI로 자동화하여 만들어 내는 행위"를 어뷰징의 예시로 제시하며 주의를 당부했습니다.

▶ 어뷰징(abusing)이란 '남용하다', '오용하다', '학대', '욕설'을 뜻하는 abuse에서 파생한 용어입니다. 언론사에서 온라인 조회수를 높이려고 제목이나 내용을 바꿔 가며 같은 내용을 반복해서 올리는 행위를 말합니다.

생성형 AI 환경에서 창작자들의 주의를 부탁드립니다

생성형 AI로 저품질의 문서를 양산할 경우 검색에 노출되지 않을 수 있습니다.
저품질 문서의 기준도 기존과 달라지지 않았습니다. 저품질 문서는 지속 고도화하고 있는 여러 알고리즘을 통해 탐지하고 있고, 저품질로 분류될 경우 검색에 노출되지 않을 수 있습니다.
생성형 AI를 좋은 문서 작성에 활용해 주시고, 오남용으로 인해 창작물이 저품질 문서로 분류되는 경우를 주의해 주시길 당부드립니다.

[스팸·어뷰징 문서의 구분]
다양한 유형의 새로운 스팸·어뷰징 문서가 계속 탐지되고 있습니다.
최근에는 생성형 AI로만 작성한 문서를 자동화하여 게시하는 유형의 어뷰징 사례가 많이 탐지되고 있습니다.

[어뷰징 행위 예시]
▶ 타 문서를 단순 복사하거나 검색 노출을 위해 유사한 키워드를 반복적으로 사용하는 행위
▶ 생성형 AI로 문맥이 이어지지 않는 가독성이 낮은 콘텐츠를 반복적으로 생성하는 행위
▶ 동일/유사한 콘텐츠를 생성형 AI를 통해 대량으로 만들어내는 행위
▶ 뉴스, 웹사이트, 블로그 등 다른 사람의 콘텐츠를 복사 및 짜깁기하여 대량의 콘텐츠를 생성형 AI로 자동화하여 만들어내는 행위

네이버의 '생성형 AI 활용 문서에 대한 검색 노출 정책 안내'

해결 방법 **내 스타일대로 변경하기**

유사 및 저품질 문제를 해결하는 방법은 약간 복잡할 수 있습니다. 생성형 AI가 만든 초안을 그대로 사용하기보다 내 스타일로 재가공해야 하기 때문이죠. 예를 들어 생성한 글을 직접 편집·수정하여 독창성을 더할 수 있습니다. 문장의 순서만 간단히 바꾸는 것부터 완성한 글에 자신의 경험, 생각, 분석 등을 추가하는 과정까지 모두 해당합니다. 나만의 스타일이 더해져야 독창적인 콘텐츠를 만들 수 있습니다.

또한 다양한 정보를 추가해서 글의 깊이와 폭을 넓혀 새로운 글로 만들 수도 있습니다. 특히 출처를 밝혀 정보를 입력하는 것을 추천합니다. 앞서 소개한 코파일럿의 기능을 활용해 정보를 추가하면 좋겠죠? 이렇게 다양한 출처를 활용하면 글의 신뢰성과 전문성이 높아지며, 그 결과 독자가 주제를 다각도로 이해할 수 있도록 돕는 기능을 합니다.

같은 주제로 출처를 하나만 사용한 글과 여러 개를 사용한 글을 비교해 봅시다.

주제: 스마트폰 사용이 청소년의 수면에 미치는 영향

출처가 1개일 때

최근 한국수면연구소의 연구에 따르면, 스마트폰의 야간 사용은 청소년의 수면 패턴에 부정적인 영향을 미친다고 합니다. 연구소의 조사 결과, 스마트폰을 사용하는 청소년들은 사용하지 않는 청소년들에 비해 수면 시간이 평균 1시간 더 짧은 것으로 나타났습니다.

출처가 다양할 때

한국수면연구소의 연구에 따르면, 스마트폰의 야간 사용은 청소년의 수면 패턴에 부정적인 영향을 미칩니다. 이와 유사한 연구 결과를 국제수면학회에서도 발표했으며, 청소년심리상담센터에서는 스마트폰 사용이 청소년의 스트레스 수준을 높이고 이로 인해 수면의 질이 저하될 수 있다고 지적합니다. 또한, 다양한 학술지에 실린 연구들을 종합해보면, 스마트폰 사용이 늦은 밤까지 이어질 경우, 청소년의 내일의 학습 능력과 집중력에도 영향을 줄 수 있음을 알 수 있습니다.

이처럼 생성형 AI는 블로그 글쓰기를 위한 보조 도구이므로 최종 내용 확인과 검수는 반드시 사람이 직접 해야 합니다. 생성형 AI가 제공한 정보의 사실 여부를 확인하고, 허위 정보가 있다면 수정하거나 삭제해야 합니다. 또한 타인의 창작물 표절로 저작권 침해 등 윤리 문제가 있는지 판단해 적절히 대응해야 합니다.

💡 **알아 두면 좋아요! 코예커플만의 생성형 AI 활용 노하우**

이 밖에 추가로 알아 두면 좋을 코예커플만의 생성형 AI 활용 노하우를 간단하게 정리해 봤습니다. 여러분도 다음 내용을 기억하고 활용해 보세요.

- **사실 검증 과정 구축**: 생성형 AI 기능이 제공하는 정보의 사실 여부를 확인할 수 있는 나만의 검증 과정을 마련해야 합니다. 자신의 경험이나 지식을 바탕으로 정보를 재확인하거나 별도로 검색해서 사실인지 확인하세요. 이 부분은 02-3절에서 실습합니다.
- **저작권 보호**: 생성형 AI가 생성한 콘텐츠 역시 저작권 보호 규정을 준수해야 합니다. 사용한 정보의 출처를 명확하게 표기하세요.
- **고품질 학습 데이터 사용**: 학습에 사용하는 데이터는 정확하고 편견이 없는 고품질이어야 합니다. 일반 사용자가 학습 데이터를 직접 지정할 수는 없으니, 될 수 있는 한 최신 정보를 검색하고 불러올 수 있는 생성형 AI 기능을 사용하는 것을 추천합니다.

장점	단점
시간을 절약할 수 있습니다.	정확도가 떨어질 수 있습니다. → 해결 방법 다른 생성형 AI로 검증하기
아이디어를 확장할 수 있습니다.	나도 모르는 사이에 저작물을 표절할 수 있습니다. → 해결 방법 챗GPT 플러스, 코파일럿으로 출처 제시하기
글의 완성도를 높일 수 있습니다.	유사 및 저품질 블로그가 될 수 있습니다. → 해결 방법 내 스타일로 변경하기
콘텐츠를 다양한 형식으로 변형할 수 있습니다.	

01-3 내 블로그에 적합한 생성형 AI 찾기

#데이터 #최신내용반영 #블로그 #이미지생성 #한국어 #글쓰기

앞서 4가지 생성형 AI 서비스의 특징과 이를 활용한 블로그 글쓰기의 장단점을 알아보았습니다. 생성형 AI 서비스가 워낙 다양하다 보니 자신의 블로그 스타일에 적합한 모델을 고르려면 막막할 수 있습니다. 이번에는 상황과 기능에 따라 내 블로그에 적합한 생성형 AI 모델을 찾을 때 고려할 5가지를 다뤄 보겠습니다.

최신 데이터가 중요하다면? — 챗GPT의 유료 버전도 사용해 보세요!

블로그 글쓰기에서 최신성은 독자의 관심을 끌고 정보의 가치를 높이는 중요한 요소입니다. 사람들이 궁금해하는 정보를 신속하면서도 고품질로 제공하는 문서는 검색 결과 상위에 노출될 가능성이 큽니다.

과거 챗GPT 무료 버전인 GPT-3.5에서는 최신 정보를 기반으로 한 답변을 제공하지 않았습니다. 하지만 2024년 9월 기준, 챗GPT에 로그인만 해도 GPT 플러스 버전을 무료로 일부 사용해 볼 수 있습니다.

유료 버전 챗GPT를 사용한다면, 모델을 선택할 수 있습니다.

챗GPT의 무료 버전과 유료 버전은 다음 3가지 중요한 차이점이 있습니다.

첫째, 모델의 차이입니다. 미니 버전은 각 유료 버전의 축소판으로, 성능 면에서 원본 모델에 비해 응답의 정확성과 문맥 이해에 영향을 미칠 수 있습니다. 예를 들어 복잡한 질문에 세밀한 답변이 필요할 때 미니 버전보다 유료 버전인 GPT 플러스의 성능이 더 우수합니다.

둘째, 기능의 제약입니다. 무료로 제공하는 미니 버전은 웹 브라우징과 같은 고급 기능을 사용할 때 10회 사용 제한, 약 4시간 뒤 재사용 등의 제약이 있습니다.

> **GPT 사용 한도에 도달했습니다.**
> ChatGPT Plus로 업그레이드하거나 PM 7:52 후에. 다시 시도하세요.   **Plus 이용하기**

챗GPT 무료 버전은 사용량에 제한이 있습니다.

이와 반대로 유료 버전은 웹 브라우징 기회를 더 많이 제공하여 최신 정보에 빠르게 접근할 수 있습니다. 다시 말해 챗GPT 유료 버전은 정보가 자주 업데이트되는 분야나 빠르게 변화하는 뉴스 관련 질문에 특히 유용합니다.

셋째, 응답 속도와 안정성입니다. 유료 버전은 일반적으로 빠른 응답 속도와 안정된 서비스 품질을 제공합니다. 무료 버전에서는 사용량이 많아지면 응답 시간이 길어질 수 있으며, 대기 시간 또는 서비스 지연이 발생할 수 있습니다.

결론적으로, 미니 버전은 무료로 사용할 수 있는 도구이지만, 뛰어난 성능과 고급 기능이 필요하다면 유료 버전인 GPT 플러스가 더 적합할 수 있습니다. 사용자는 필요에 따라 무료 버전과 유료 버전 중에서 적합한 것을 선택하면 됩니다.

이미지 생성까지 한번에 끝내고 싶다면? — 코파일럿

블로그 글에서 이미지는 독자의 이해를 돕고 메시지를 더 효과적으로 전달하는 중요한 역할을 합니다. 이미지는 복잡한 정보나 데이터를 간결하고 명확하게 전달할 수 있으며, 텍스트만으로는 전달하기 어려운 감정이나 분위기를 효과적으로 나타낼 수 있습니다.

코파일럿에서는 달리 3의 이미지 생성 기능인 '디자이너'를 제공합니다. 무료 버전의 챗GPT는 이미지 생성 횟수 제한(2회)이 있지만, 코파일럿은 무료면서 횟수 제한도 없습니다.

코파일럿이 사용자 요청에 어떻게 답변하는지 살펴봅시다.

> 지구를 배경으로 하고 달에서 스키를 타는 우주인 이미지를 생성해 줘.

코파일럿

"달에서 스키를 타는 우주인의 우주 이미지, 지구를 배경으로 함"

Designer · DALL·E 3에서 구동

이미지를 만들었습니다. 달에서 스키를 타는 우주인이 지구를 배경으로 한 우주 이미지를 상상해 보세요. 곧 보실 수 있습니다!

블로그에서는 일반적으로 직접 촬영한 사진이나 품질 좋은 스톡 이미지 등을 활용합니다. 하지만 자신이 촬영한 사진이 없거나 미래 또는 상상의 영역이라서 실제 이미지가 없는 경우에는 이에 걸맞은 이미지를 찾기가 어렵습니다.

하지만 생성형 AI를 활용하면 일상생활에서 볼 수 있는 듯한 자연스러운 이미지부터 상상력이 필요한 이미지까지도 만들 수 있습니다. 이렇게 만든 이미지를 블로그 글에 사용하면 텍스트만 나열할 때보다 몰입감이 높아지고 가독성도 좋아집니다.

▶ 생성형 AI와 함께 이미지를 만들고 활용하는 방법은 04장에서 자세히 다룹니다.

국내 정보가 필요하다면? — 클로바 X

블로그 글의 주제를 국내 특정 지역의 맛집, 숙소, 놀거리로 한다면 지역성이 중요합니다. 따라서 해외 검색 사이트보다 국내 검색 사이트에서 정보를 찾으면 정확할 뿐 아니라 시간을 절약할 수 있어서 더욱 효율적입니다. 생성형 AI에서도 마찬가지입니다.

GPT-3.5보다 한국어 데이터를 다량 학습해 국내 정보의 이해도가 높은 클로바 X의 답변과 다른 생성형 AI의 답변을 비교해 봅시다.

제주도 서귀포시에 온돌방 있는 숙소를 소개해 줘.

X
클로바 X

제주도 서귀포시에서 온돌방을 갖춘 펜션을 찾고 계시는군요. 조건에 맞는 곳을 추천해 드리겠습니다.

[네이버 여행]
제주나인부띠끄: 제주도 천지연폭포, 이중섭거리, 새연교, 정방폭포, 서귀포잠수함, 올레재래시장등을 차량, 도보로 5~10분 이내에 만나볼 수 있으며, 공항버스, 시외, 시내버스 가까이에 있어 교통이 편리합니다.

(... 생략 ...)

> 정보가 정확하게 잘 정리 됐습니다.

제주나인부띠끄 펜션	#온돌방 #세미나실 #개별샤워실 리뷰 337 N 예약	제주독채펜션 감성숙소 사우나 ... 펜션	#온돌방 #워터파크 #문화유적 24시간 영업 · 리뷰 183 N 예약
온더스톤펜션 제주성산점 펜션	#온돌방 #도미토리 #조식제공 리뷰 814 N 예약	제주 하이맘 키즈 펜션 블랙 펜션	#온돌방 #키즈테마 #자연학습 리뷰 795 N 예약
제주 다온재 펜션	#온돌방 #반려동물 #복층 리뷰 377 N 예약	중문허브독채펜션 펜션	#온돌방 #개별샤워실 #개별화장실 리뷰 987 N 예약

펜션을 방문하실 때는 위치와 예약 가능 여부를 확인하시고, 편안한 시간을 보내시길 바랍니다.

◇
제미나이

[Google 호텔]

죄송합니다. 제주도 서귀포시에 온돌방이 있는 리조트가 없습니다.

다른 숙박 시설을 검색해 보시겠습니까?

> '온돌방'이라는 한국의 특성을 번역하기 쉽지 않았을 것입니다.

코파일럿

제주도 서귀포시에 위치한 온돌방이 있는 숙소 중 몇 가지를 소개해 드리겠습니다:

노블피아 호텔[12]: 이 호텔은 서귀포시 명동로 46에 위치해 있습니다. 온돌방이 있으며, 객실이 넓어 아이와 함께 편안하게 휴식을 취할 수 있습니다. 또한, 옥상 테라스에서 일출과 일몰을 감상할 수 있습니다. 조식은 뷔페식이 아닌 한상차림으로 제공되며, 가족여행 숙소로 적합합니다[1].

Sweetmay Seogwipo[3]: 이 숙소는 Seogwipo에서 머무를 수 있는 숙소 중 하나입니다[3].

Shin Shin Hotel Jeju Ocean[3]: 이 숙소 역시 Seogwipo에서 머무를 수 있는 숙소 중 하나입니다[3]. < 소개한 숙소는 서귀포시가 아니라 제주시에 있어서 정보 오류입니다.

이 외에도 제주도 서귀포시에는 다양한 온돌방이 있는 숙소들이 많이 있습니다. 여행 계획에 따라 적합한 숙소를 선택하시면 좋을 것 같습니다. 좋은 여행 되세요!

클로바 X는 기존 네이버 검색에서 잘 보여 주던 맛집, 국내 여행지, 숙소, 레시피 등의 정보를 보기 좋게 잘 정리했습니다. 이번 프롬프트에서는 '서귀포시'와 '온돌방'이 주요 키워드였는데, 네이버 여행 서비스를 활용해 실제 예약할 수 있는 링크까지 제공해 주어 만족스러운 답변이 되었습니다.

반면 **제미나이**는 자사 서비스인 Google 호텔의 데이터를 활용하여 제주도 서귀포시에서 온돌방이 있는 숙소를 찾으려 했으나 결국 실패했습니다. 아마도 Google 호텔에서는 국내 펜션과 리조트 데이터를 찾기 어렵고, '온돌방'이라는 한국의 특성을 번역하기도 쉽지 않았을 것입니다.

코파일럿은 여러 숙소를 추천했으나 노블피아 호텔을 제외한 나머지 숙소에는 온돌방이 없었으며, 마지막으로 소개한 호텔은 서귀포시가 아니라 제주시에 위치해서 정보 오류를 확인할 수 있습니다.

💡 **알아 두면 좋아요! 국내 정보에 능통한 클로바 X**

챗GPT나 제미나이는 영어에 기반한 생성형 AI입니다. 따라서 한국어로 질문했을 때 프롬프트를 영어로 번역하고 이후 영어로 생성된 답변을 다시 한국어로 번역해서 사용자에게 보여 줍니다. 이러한 과정을 거치다 보니 오류가 많이 발생하기도 하고 답변 속도가 느려지는 원인이 되기도 합니다. 하지만 클로바 X는 네이버 자체 서비스(블로그, 카페, 지식인 등)를 통해 한국어 데이터를 다량 학습해서 이런 번역 과정이 필요 없을 뿐 아니라 국내 정보에 능통해서 정확도가 높고 시간도 절약할 수 있습니다.

글쓰기에 도움을 받고 싶다면? — 제미나이, 챗GPT 플러스 캔버스

생성형 AI는 사용자가 프롬프트 창에 질문을 입력해서 답변을 받는 대화 형식입니다. 따라서 블로그 글쓰기에 활용하려면 문장을 다듬어야 합니다. 이때 글쓰기에 특화된 서비스를 이용하면 내 글을 원하는 스타일로 쉽게 변환할 수 있어서 글을 작성하는 시간을 단축하는 데 도움이 됩니다.

◆ 제미나이

답변 하단의 대답 수정 아이콘 🈂을 클릭해서 [짧게 / 길게 / 간결하게 / 캐주얼하게 / 전문적으로] 중에서 선택하면 답변 내용의 스타일을 쉽게 바꿀 수 있습니다.

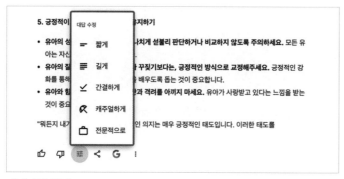

제미나이 화면

챗GPT 플러스 캔버스

챗GPT 모델에서 [GPT-4o with Canvas] 메뉴를 선택하고 프롬프트를 입력하면 캔버스를 실행할 수 있습니다. 캔버스에서는 오른쪽 하단의 메뉴를 통해 [이모지 추가], [마지막으로 다듬기], [독해 수준], [길이 조절] 등 다양한 기능을 활용할 수 있습니다. 특히 [편집 제안]을 누르면, 챗GPT가 글을 개선할 수 있는 피드백을 제공합니다.

캔버스 기능을 이용하면 일반적인 채팅 형태가 아닌 문서 편집 에디터 형태로 긴 글을 쉽게 작성할 수 있으니 글쓰기에 꼭 활용해 보길 바랍니다.

무료로 사용하고 싶다면? — 무료 챗GPT, 코파일럿, 제미나이, 클로바 X

유료 버전인 GPT 플러스(Plus)는 이미지 생성이나 챗봇 제작, 다양한 플러그인 활용 등 고급 기능이 필요한 사용자에게 적합합니다. 반면 무료 챗GPT, 코파일럿, 제미나이, 클로바 X와 같은 서비스는 무료로 제공되므로 생성형 AI를 처음 접하는 사용자에게 매력적인 선택지가 될 수 있습니다. 서비스마다 고유한 특성과 장점이 있으므로 사용자의 목적과 필요에 따라 적절한 도구를 선택하는 것이 중요합니다.

💡 **알아 두면 좋아요! 코예커플이 추천하는 생성형 AI 찾는 방법**

생성형 AI는 무료로 제공하는 서비스가 많으니 여러 서비스를 사용해 보면서 내 블로그 주제에 어울리는 것을 찾아보기 바랍니다. 예를 들어 국내 유명한 음식점을 추천하는 글을 쓴다면 가장 먼저 한국어 이해도가 높고 국내 최신 정보가 많은 클로바 X를 활용합니다. 부족한 이미지는 코파일럿으로 생성할 수 있고, 지도 데이터는 구글을 기반으로 하는 제미나이에게 물어보는 등 여러 생성형 AI를 두루두루 유연하게 활용하면 됩니다.

이 책에서 소개한 생성형 AI 외에도 다양한 특화 기능을 갖춘 서비스가 많습니다. 하나씩 사용해 보며 자신의 블로그와 가장 잘 어울리는 서비스를 찾아보는 재미를 느껴 보세요.

이번에 배운 내용을 정리했어요! [내 블로그에 맞게 추천하는 생성형 AI]   ■ ■ ■

원하는 서비스	생성형 AI	특징
최신 데이터가 중요하다면?	GPT 플러스	방대한 데이터와 최신 정보를 기반으로 검색합니다.
글쓰기는 물론, 이미지 생성까지 한번에 끝내고 싶다면?	코파일럿	이미지 생성 기능까지 무료로 제한 없이 사용할 수 있습니다.
국내 정보가 필요하다면?	클로바 X	GPT-3.5보다 한국어 데이터 학습량이 많아서 국내 정보를 잘 찾고 정확해서 시간을 절약할 수 있습니다.
글쓰기에 특화된 생성형 AI를 원한다면?	제미나이, GPT 플러스	글쓰기 스타일을 바꾸는 기능이 있습니다.
생성형 AI를 무료로 사용하고 싶다면?	무료 챗GPT, 코파일럿, 제미나이, 클로바 X	서비스마다 고유한 특성과 장점이 있으므로 사용자의 목적과 필요에 따라 선택합니다.

생성형 AI를 활용하면
저품질 블로그가 될까 봐 걱정돼요!

네이버는 '저품질' 또는 '저품질 블로그'라는 개념을 공식적으로 인정하지 않습니다. 그도 그럴 것이 수많은 문서 중에서 고품질 문서만 순차로 나열해도 경쟁에 밀린 글은 자연스레 보이지 않기 때문입니다. 굳이 순위가 낮은 글에 저품질이라는 꼬리표를 붙일 필요가 없다는 것이죠. 다만 저품질 또는 저품질 블로그라는 용어는 블로거들 사이에서 통용하므로 이 책에서도 사용하겠습니다.

블로그 통계 사이트인 '블로그차트'에 등록된 블로그 수만 해도 2,200만 개가 넘고 (2024년 7월 기준), 2023년 말 네이버에서 공개한 '마이 블로그 리포트'에 따르면 2023년 한 해에만 2억 4천만 개의 글이 발행되었습니다.

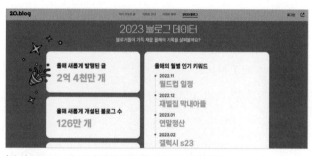

'블로그 차트'에 등록된 블로그 수   '마이 블로그 리포트'에서 발표한 블로그 글의 양

네이버는 셀 수 없이 많은 문서 중에서 검색 이용자에게 도움이 될 만한 좋은 문서를 상위에 노출시킵니다. 그래서 품질이 떨어지는 글은 검색했을 때 스크롤을 한참 내려야 보이거나 아예 보이지 않을 수도 있습니다.

이처럼 좋은 글만 노출하기에도 바쁜 네이버는 상위 노출이 잘 되던 블로그라 할지라도 지속적으로 질이 떨어지는 문서를 생성하거나 스팸, 어뷰징 문서를 발행하면 검색 노출을 제한하고 있습니다. 코예커플이 13년간 IT **블로그를 운영하면서 느낀 저품질 증상**과 주변 파워블로거 동료들이 운영하던 **블로그가 저품질이 되었을 때 나타나는 현상**을 종합해 보면 다음 4가지로 정리할 수 있습니다.

- 최근 발행한 글의 검색 누락이 자주 발생함
- 기대한 노출 순위에 비해 현저하게 떨어짐
- 최신순 정렬로만 노출됨
- 기존 콘텐츠의 노출 순위가 급격하게 떨어짐(최신 글부터 역순 또는 일시에)

저품질 블로그는 검색 결과에서 밀리므로 유입량이 자연스럽게 감소하고 방문자 수가 급격히 줄어듭니다. 한번 저품질에 빠진 블로그는 그 늪에서 빠져나오기가 매우 어려우므로 저품질 블로그가 되지 않도록 주의 깊게 운영하는 것이 중요합니다.

최근 생성형 AI 붐이 일어나면서 이를 활용하면 저품질 블로그가 될까 봐 걱정하는 분도 많을 텐데요. 결론부터 말하자면, 생성형 AI가 답변한 내용을 그대로 복사, 붙여넣기 한다면 저품질 블로그가 될 가능성이 높습니다.

2024년 2월 28일 네이버 검색 팀은 생성형 AI와 관련한 운영 정책을 발표했습니다. 이 운영 정책을 쉽게 풀어 보면, 생성형 AI 활용 여부와 관계없이 사용자에게 도움되는 정보를 제공하는 문서는 양질의 콘텐츠로 인식해 검색 노출이 잘 된다는 이야기입니다.

네이버 검색 팀(https://blog.naver.com/naver_search/223367781299)

하지만 생성형 AI를 활용하여 저품질 콘텐츠를 대량 생산하는 경우에는 검색 결과 노출에서 불이익을 받을 수 있다고도 명시하고 있습니다. 일명 저품질 블로그가 될 수 있다는 것입니다. 저품질 콘텐츠는 다음 4가지 특징이 있습니다.

- 신뢰할 수 없는 정보 또는 허위 정보 포함
- 문맥이 명확하지 않거나 가독성이 낮음
- 다른 콘텐츠를 표절하거나 짜깁기를 함
- 동일하거나 유사한 콘텐츠를 대량으로 생성함

저품질 콘텐츠의 특징은 앞서 01-2절에서 생성형 AI의 단점으로 나열한 내용과 같은 맥락입니다. 생성형 AI의 답변은 온라인에 존재하는 데이터를 기반으로 짜깁기하여 사용자에게 답변해 주므로, 이 결과물을 복사해서 그대로 붙여 넣은 포스팅을 반복해서 업로드할 경우 저품질 블로그가 될 가능성이 높습니다. 그러므로 01-2절에서 설명한 생성형 AI의 단점 3가지를 반드시 보완할 수 있도록 다음 방법을 알아 두세요.

생성형 AI의 단점 보완 방법

- 정보가 정확한지 다른 생성형 AI로 검증해서 사실 오류 확인하기
- 가독성 좋게 글 다듬기
- 생성형 AI 답변 + 내 경험을 기반으로 글쓰기
- 나만의 글쓰기 스타일로 변경하기

생성형 AI는 잘만 활용한다면 훌륭한 도구가 될 수 있는 반면, 답변을 그대로 사용하면 저품질 블로그의 늪에 빠질 수 있는 양날의 검이라 할 수 있습니다. 따라서 블로그 상위 노출이라는 목표를 달성하려면 항상 좋은 문서의 기준과 앞에서 제시한 생성형 AI의 단점 보완 방법을 염두에 두고 독창적인 콘텐츠를 만들 수 있도록 노력해야 합니다.

02

생성형 AI를 활용한
블로그 글쓰기의 기초

이번 장에서는 앞서 살펴본 다양한 생성형 AI 서비스를 활용해 블로그 글쓰기를 본격적으로 실습해 봅니다. 이 책에서는 챗GPT를 주로 사용하지만 여러분은 다른 생성형 AI를 사용해도 됩니다. 앞 장에서 자신의 스타일에 가장 어울리는 생성형 AI를 찾았다면 이제 블로그 글쓰기를 해볼 차례입니다. 또한 블로그 글쓰기와 관련해서 검색 엔진이 좋아하는 글, 독자가 좋아하는 글도 알아보겠습니다.

02-1 생성형 AI 빠르게 활용해 보기

#챗GPT #질문법 #구체적인키워드 #분야별트렌드 #주제 #카테고리

블로그 글쓰기, 어디서부터 시작해야 할지 막막하다면 생성형 AI를 활용해 보세요. 글쓰기 과정이 더욱 효율적이고 즐거워질 수 있습니다. 예를 들어 글의 주제를 정하거나 초안을 작성하고 글의 흐름을 개선하여 독창적인 아이디어를 낼 때 도움받을 수 있습니다.

아무 정보가 없을 때 질문하기

〈타깃〉도 모르겠고, 〈어떤 주제〉를 다뤄야 할지 몰라서 단 한 글자도 쓸 수 없다면? 생성형 AI에게 "요즘 인기 있는 주제로 블로그 포스트를 작성하려 해. 주제 몇 가지 뽑아 줘."라고 요청해 보세요. 이처럼 단순한 요청만으로도 분야별 트렌드를 반영하여 주제를 뽑아 줍니다.

❤ **이렇게 써보세요!**
<주제>를 주제로 <목적>을 하려 해. 주제 몇 가지 뽑아 줘.

> 요즘 인기 있는 주제로 블로그 포스트를 작성하려 해. 주제를 몇 가지 뽑아 줘.

 챗GPT

블로그 포스트를 위한 인기 있는 주제 몇 가지를 제안해드릴게요:

지속 가능한 생활: 환경 친화적인 생활 방식, 제로 웨이스트 전략, 지속 가능한 패션과 뷰티 제품에 대한 소개.

가상현실과 증강현실: VR과 AR 기술의 최신 동향, 이 기술이 엔터테인먼트, 교육, 의료 등 다양한 산업에 어떻게 적용되고 있는지 분석.

건강과 웰니스 트렌드: 홈 트레이닝, 명상 앱, 식이 요법의 변화, 면역력 강화 방법 등 최근 인기있는 건강 주제.

리모트 워크와 디지털 노마드: 원격 근무의 장단점, 효과적인 홈 오피스 설정법, 디지털 노마드가 되기 위한 팁과 권장 도구.

이 중에서 관심이 가는 주제가 있다면 더 자세히 알아보고, 독자들에게 흥미로운 내용을 제공하는 포스트를 작성해보세요!

챗GPT를 이용해 요즘 인기 있는 블로그 주제를 물어보고 답변을 받았습니다. 최신 트렌드에 맞춰 카테고리별 블로그 글쓰기 주제를 얻고 싶다면 GPT 플러스 버전을, 최신 데이터가 중요하지 않다면 무료 버전을 사용하세요.

구체적인 키워드를 추가해 질문하기

"〈아이를 양육하는 30대 중반의 한국 여성들〉이 관심 있어 할 블로그 포스트 주제를 〈몇〉 가지 뽑아 줘."처럼 타깃 대상을 조금 더 구체적으로 제시하면 챗GPT는 글쓰기 아이디어와 주제를 더욱 다양하게 제공해 줍니다.

❤ **이렇게 써보세요!**
<타깃>이 관심 있어 할 블로그 포스트 주제 <개수>가지를 뽑아 줘.

> 아이를 양육하는 30대 중반의 한국 여성들이 관심 있어 할 블로그 포스트 주제를 몇 가지 뽑아 줘.

 챗GPT

물론입니다! 여성들이 흥미를 느낄 수 있는 아이를 양육하는 관련된 주제 몇 가지를 제안해 드리겠습니다:

건강한 아이 식습관 가이드: 영양학 전문가와 협력하여 아이들을 위한 건강한 식습관을 구축하는 방법에 대한 팁과 레시피를 공유해보세요.

아이와의 퀄리티 타임 활동 아이디어: 바쁜 현대 부모들을 위한 아이와 함께하는 유익하고 재미있는 활동 아이디어를 제안해보세요. 예를 들어, 창의성을 개발할 수 있는 공예 활동이나 자연 속 탐험 등이 있을 수 있습니다.

양육 스트레스 관리: 아이를 키우는 과정에서 부모가 겪을 수 있는 스트레스에 대해 이야기해보고, 스트레스를 관리하는 방법과 심리적 지원을 제공해보세요.

아이의 성장과 발달에 관한 이야기: 다양한 나이에 따른 아이들의 발달 단계와 그에 따른 부모의 역할에 대해 설명하고, 적절한 지원과 격려가 중요한 이유에 대해 논의해보세요.

이러한 주제들은 아이를 키우는 부모들에게 유용한 정보를 제공하고 그들의 관심을 끌 수 있을 것입니다.

아이를 양육한다는 조건을 추가해서 챗GPT가 아이와 관련된 블로그 포스트 주제 5가지를 골라 주었습니다. 이 중에서 매력 있는 주제를 선정해서 글쓰기를 시작해 보세요.

답변을 구체적으로 듣는 방법 — 메모리, 개인 맞춤 설정 활용하기

챗GPT에게 답변을 더 섬세하게 받고 싶다면 자신이나 독자의 특성을 설명하고 질문하세요. 예를 들어 "나는 30대 IT 업계 종사자입니다. 전자 문서의 중요성을 알려 주세요."라고 요청할 수 있습니다. 챗GPT는 이러한 정보를 기반으로 좀 더 구체적인 답변을 제공해 줍니다. 이처럼 설정을 구체적으로 하면 다른 블로거와 차별화해서 독창성을 갖춘 글을 작성할 수 있습니다.

또한 챗GPT가 답변할 때 잊지 말고 참고해야 할 사항이 있다면 "레시피를 작성할 때 내가 저요오드 식단 중이란 걸 기억해"처럼 프롬프트에 입력합니다. 그러면 자동으로 메모리 기능에 업데이트 되어 이후의 답변을 제공합니다.

메모리 기능은 [설정] → [개인 맞춤 설정] 메뉴에서 관리할 수 있습니다.

이런 내용을 매번 프롬프트 창에 입력하기 귀찮다면 [ChatGPT 맞춤 설정]에 입력해 두세요. 맞춤형 지침을 작성한 후 오른쪽 아래에 [저장]을 클릭합니다. 이렇게 하면 챗GPT로부터 마음에 드는 답변을 받을 확률이 높아집니다.

챗GPT로 콘텐츠 기획하고 글쓰기

#콘텐츠 #기획 #프롬프트 #정보추가 #피드백 #초안 #문장다듬기 #어투바꾸기 #요약

좋은 글은 실제로 여러 단계를 거쳐 완성됩니다. 내용을 다듬고 문장 구조를 조정하며 언어를 정제해야 합니다. 생성형 AI를 사용할 때도 마찬가지입니다. 생성형 AI가 제공하는 내용을 기반으로 나만의 목소리와 스타일을 반영하여 글을 수정하고 개선해야 합니다. 작성한 글을 여러 번 읽으면서 필요하지 않은 부분은 과감히 삭제하고 정보를 추가하여 글의 질을 높이는 것이 중요합니다. 이 과정을 거치면 메시지를 더욱 명확하고, 흥미롭고, 설득력 있게 전달할 수 있습니다.

간단한 프롬프트로 글 초안 작성하기

블로그 글쓰기의 흐름은 크게 4단계로 나누어 볼 수 있습니다.

1단계 블로그 글 초안 작성하기

글의 완성도를 높이려면 초안 작성이 필수입니다. 이 또한 챗GPT로 도움을 받을 수 있습니다. 프롬프트 창에 원하는 조건을 입력하면 됩니다. 여기서 〈타깃〉과 〈특정 주제〉는 글쓰기에 따라 달라집니다.

❤ 이렇게 써보세요!

<타깃>에게 <특정 주제>로 블로그 포스트를 작성해 줘.

> 제주도 여행을 준비 중인 영유아 동반 가족에게 뽀로로 앤 타요 테마파크를 소개하는 블로그 포스트를 작성해 줘.

챗GPT

제주도 여행을 준비 중인 가족 여러분 안녕하세요! 여행은 가족 모두에게 특별한 경험이 될 것입니다. 오늘은 제주도에서 영유아와 함께하는 특별한 장소를 소개해 드리려고 합니다. 바로 '뽀로로 앤 타요 테마파크'입니다!

뽀로로 앤 타요 테마파크는 제주도의 자연 아름다움과 귀여운 캐릭터들이 만나는 곳입니다. 아이들은 물론, 어른들도 즐길 수 있는 다양한 활동과 볼거리가 가득합니다.

먼저, 뽀로로 앤 타요 테마파크에서는 뽀로로와 타요를 비롯한 다양한 캐릭터들을 만날 수 있습니다. 아이들은 즐거운 모험을 즐기면서 실제로 캐릭터들과 사진을 찍을 수 있습니다. 물론, 뽀로로와 타요뿐만 아니라 다른 친구들도 기다리고 있어요!

이 밖에도, 테마파크 내에는 다양한 놀이시설과 체험 프로그램이 준비되어 있습니다. 아이들은 놀이터에서 에너지를 발산하고, 다양한 체험 활동을 통해 새로운 것을 배우며 즐길 수 있습니다. 또한, 테마파크 내 레스토랑에서는 맛있는 음식을 즐기며 가족끼리 행복한 시간을 보낼 수 있답니다.

여기에 더해, 뽀로로 앤 타요 테마파크는 제주도의 아름다운 자연환경 속에 위치하고 있습니다. 푸른 하늘과 푸른 바다가 어우러진 곳에서 아이들과 함께하는 여행은 정말 특별한 경험이 될 것입니다.

그렇다면, 제주도 여행 중에는 뽀로로 앤 타요 테마파크를 빼놓을 수 없겠죠? 가족 모두 함께 즐거운 추억을 만들고, 특별한 경험을 공유하는 시간이 되길 바랍니다. 즐거운 여행 되세요! ✛

💡 **알아 두면 좋아요! 챗GPT의 대답이 마음에 들지 않을 때 해결 방법**

챗GPT가 처음부터 마음에 쏙 드는 답변을 가져올 때도 있지만, 그렇지 않을 때도 있습니다. 그러면 질문을 조금 더 구체적으로 바꿔 보세요. 질문에 마우스 커서를 올려 연필 아이콘이 나타나면 선택해서 질문 내용을 바꿀 수 있습니다.

You
챗GPT가 어떤 서비스야?

또는 답변 하단의 [응답 다시 생성하기] 버튼을 클릭하면 챗GPT로부터 새로운 답변을 추가로 받을 수 있습니다.

이번 WWDC24에 대한 자세한 내용과 세션 정보는 Apple Developer 앱과 웹사이트에서 확인할 수 있다. 혁신적인 앱과 게임 개발을 위한 소중한 가이드를 얻을 수 있는 이번 행사를 절대 놓치지 말자.

2단계 **정보 추가 및 수정하기**

챗GPT가 써준 초안만으로도 글이 그럴듯하게 완성되었네요. 하지만 정보를 조금 구체적으로 추가해서 글이 더욱 풍부해지도록 해야 합니다. 주제에 따라 어떤 요소를 추가하면 좋을지 예를 들어 알려 드릴게요. 만약 특정 장소를 소개한다면 교통편이나 주차 정보 등을 추가하면 좋습니다. 체험 시설이라면 입장료, 예약 및 할인 방법, 운영 시간 등을, 특정 아이템이라면 사용 방법이나 가격, 할인 정보 등을 추가하면 매우 유용합니다.

◉ **이렇게 써보세요!**
<작성한 글>에 <정보 요소>를 추가해 줘.

> 뽀로로 앤 타요 테마파크의 위치 정보와 입장료, 입장료 할인 방법을 추가해 줘.

챗GPT

뽀로로 앤 타요 테마파크는 제주도에 위치해 있으며, **구체적으로는 제주시에 위치하고 있습니다.** 대중교통을 이용하실 경우에는 제주국제공항에서 택시를 이용하시면 약 20분 정도 소요됩니다. 렌터카를 이용하시는 경우에는 제주시로 향하고 있는 도로를 이용하여 쉽게 도착하실 수 있습니다.

사실과 다름 → 입장료는 성인과 어린이로 나뉘어 있으며, 일반적으로 성인 입장료는 대략 **20,000원에서 25,000원 정도이며, 어린이 입장료는 15,000원에서 20,000원 정도입니다.** 입장료는 계절에 따라 변동될 수 있으므로 방문 전에 확인하는 것이 좋습니다.

또한, 입장료 할인 방법으로는 다음과 같은 방법들이 있습니다:

온라인 예약: 테마파크의 공식 웹 사이트나 여행 예약 사이트를 통해 온라인으로 예약하면 종종 할인 혜택을 받을 수 있습니다.

제휴 카드 혜택: 특정 신용카드나 할인 카드를 소지하고 있다면 해당 카드를 이용하여 입장 시 할인 혜택을 받을 수 있습니다.

특별 이벤트 및 쿠폰: 테마파크에서 주최하는 특별 이벤트나 쿠폰을 활용하여 입장료를 할인받을 수도 있습니다.

위치와 입장료 정보를 확인하고 할인 혜택을 활용하여 가족 모두가 즐거운 시간을 보내길 바랍니다.

챗GPT의 답변에서 노란색으로 표시한 내용은 사실과 다릅니다. 챗GPT가 똑똑한 줄 알았는데 국내 관련 정보는 약해 보입니다. 이렇게 로그인하지 않는 GPT 무료 버전을 사용하면 최신 정보를 반영하지 않아 답변에 오류가 생기는 경우가 많습니다. 국내 관련 정보를 찾는다면 클로바 X를 추천합니다.

개선할 점 요청하기

이대로 써서 블로그에 올려도 될까요? 걱정된다면 챗GPT에게 피드백을 받으면 됩니다. 개선점을 알려 달라고 요청해 보겠습니다.

❤️ **이렇게 써보세요!**

<작성한 글>에 <추가하면 좋을 내용>을 알려 줘.

<작성한 글>에서 <개선할 내용>을 알려 줘.

> 앞에서 작성한 뽀로로 앤 타요 테마파크를 소개하는 글에 추가하면 좋을 내용이 있다면 알려 줘.

챗GPT

물론, 추가로 포함할 수 있는 내용은 다음과 같습니다:

> 추가로 선택한 내용

음식 및 식사 옵션: 테마파크 내에는 다양한 음식점이 있으며, 아이들이 좋아하는 간식 및 식사를 즐길 수 있는 메뉴가 제공됩니다. 또한, 테마파크 내에서 피크닉을 즐길 수 있는 잔디밭이나 휴식 공간도 있으니 이를 활용하여 가족 단위로 즐거운 식사를 즐길 수 있습니다.

테마파크 내 편의시설: 유아를 동반한 가족이 편안하게 이용할 수 있는 유아시설이나 휠체어 대여 등의 편의시설이 제공되고 있는지 확인해보세요. 또한 기저귀교환대나 모유수유실 등이 마련되어 있는지도 알아보시면 좋습니다.

주변 관광지와 함께한 일정: 뽀로로 앤 타요 테마파크와 함께 제주도의 다른 관광지를 방문하는 일정을 포함하여 제안해보세요. 주변에는 해변이나 자연 경관이 아름다운 곳들이 많으며, 가족 모두가 즐길 수 있는 다양한 활동이 가능합니다.

이벤트 및 특별 프로그램: 테마파크에서 주최하는 특별 이벤트나 쇼, 체험 프로그램 등을 소개해보세요. 이를 통해 가족 모두가 더욱 즐거운 시간을 보낼 수 있습니다.

이러한 내용을 추가하여 더욱 다양한 정보를 제공하고, 가족들이 테마파크를 방문할 때 더욱 유익하고 즐거운 경험을 할 수 있도록 도와주세요.

피드백을 반영해 블로그 글 완성하기

이제 챗GPT가 써준 초안을 합쳐서 순서만 살짝 손보기만 해도 간단하게 블로그 글을 완성할 수 있습니다. 코예커플은 추가하면 좋을 내용 중에서 주변 관광지 부분을 선택하여 다시 요청했습니다.

<작성한 글>에 <피드백 내용>을 추가해 줘.

> 테마파크 주변 관광지를 추천하는 내용을 추가해 줘.

챗GPT

뽀로로 앤 타요 테마파크를 방문하는 가족들에게는 주변에 다양한 관광지가 있어 추가적인 일정을 포함시키면 더욱 풍성한 여행이 될 것입니다. 몇 가지 주변 관광지를 추천해드리겠습니다:

한라산: 제주도를 대표하는 명산인 한라산은 자연 경관이 아름다운 곳입니다. 가족 모두가 함께 산책을 즐기거나, 케이블카를 타고 한라산 정상을 향해 모험을 떠날 수 있습니다.

성산일출봉: 일출로 유명한 성산일출봉은 제주도에서 반드시 가봐야 할 관광지 중 하나입니다. 가족들과 함께 일출을 감상하며 아름다운 풍경을 즐길 수 있습니다.

제주 도립 극장: 제주 도립 극장은 다양한 전시물과 공연을 즐길 수 있는 곳으로, 가족들이 함께 문화적인 경험을 할 수 있는 장소입니다. 특히 아이들과 함께하는 가족 전용 프로그램도 있으니 참고해보세요.

용두암: 제주의 바다를 배경으로 한 작은 사찰인 용두암은 아름다운 풍경과 함께 신비로운 분위기를 느낄 수 있는 곳입니다. 가족들과 함께 조용한 시간을 보내며 여행의 휴식을 취할 수 있습니다.

제주 동문시장: 현지의 문화와 다양한 음식을 경험할 수 있는 곳으로, 가족들이 함께 현지 음식을 맛보거나 장보기를 즐길 수 있습니다.

이러한 주변 관광지를 방문하여 가족 여행을 더욱 풍성하고 다채롭게 만들어보세요. 함께하는 시간이 소중한 가족들과의 여행은 더욱 특별한 추억으로 남을 것입니다.

이렇게 생성형 AI를 활용하면 블로그 글쓰기 과정을 효율적으로 단축해서 시간을 절약할 수 있습니다.

생성형 AI로 블로그 글 다듬기

생성형 AI를 이용하면 내 글을 편집해 주는 사람이 곁에 있는 것처럼 빠르고 정확하면서 완성도 높게 수정해 줍니다.

1. 문장 다듬기

맞춤법이나 문장 구조를 처음부터 따져 가면서 글을 쓰다 보면 마무리도 못 하고 지치기 마련입니다. 일단 생각나는 대로 글을 쓴 뒤에 생성형 AI에게 "맞춤법과 문장 구조에 맞게 바르게 바꿔 줘." 또는 "중학생도 이해하기 쉽도록 문장을 다듬어 줘."처럼 바라는 내용을 프롬프트 창에 구체적으로 입력해 보세요. 그다음 앞에서 작성한 글을 복사해서 붙여 넣으면 됩니다.

<작성한 글>을 <맞춤법과 문장 구조>에 맞게 바르게 바꿔 줘.
<작성한 글>을 <타깃>도 이해하기 쉽게 문장을 다듬어 줘.

코예커플이 과거에 작성한 글을 챗GPT에게 다듬어 달라고 요청해 봤습니다. 당시 열심히 고민해서 쓴 문장이지만 다소 어색한 부분이 있습니다.

Before	블로그 포스트 원본

크기는 장점이자 단점이 될 수 있는 부분인데, 디스플레이가 큼직해서 몰입감 있는 사용감을 느낄 수 있지만, 그로 인해 크기가 너무 커져 한 손 사용이라던가 휴대성이 떨어지는 면이 있습니다. 실제로 220g으로 무게까지 무거운 편이라 휴대성은 그야말로 꽝입니다. 대체로 큰 폰을 좋아하시는 분들은 만족을 하시지만, 작은 폰을 주로 사용하셨던 분들은 얼마 못 가 다시 교체를 하곤 하시더라고요. 따라서 구입하실 분들은 가까운 곳에 방문하여 실제 크기를 체감하고 결정을 내리는 것이 좋습니다.

After	챗GPT가 다듬은 블로그 포스트

크기는 장점이자 단점이 될 수 있는 부분입니다. 디스플레이가 크면 몰입감이 높아 사용자는 쾌적한 경험을 느낄 수 있지만, 크기가 너무 커지면 한 손으로 사용하기 어렵고 휴대성이 떨어지는 문제가 생깁니다. 실제로 무게도 220g으로 상당히 무겁기 때문에 휴대성은 현저히 떨어집니다. 일반적으로 큰 폰을 선호하는 분들은 만족할 것이지만, 작은 폰을 선호하는 분들은 큰 폰을 사용한 후에 다시 작은 폰으로 교체하는 경우가 많습니다. 따라서 구입을 고려하시는 분들은 가까운 매장을 방문하여 실제 크기를 체감하고 결정하는 것이 좋습니다.

챗GPT가 원본 글의 내용은 유지하면서도 어색한 표현을 읽기 좋게 바꿔 주었습니다. 특히 긴 문장으로 가독성이 떨어진 부분을 간결 명료한 문장으로 바꿔서 읽기가 훨씬 편해진 것을 확인할 수 있습니다. 이처럼 생성형 AI를 활용하면 기본 맞춤법과 문장 구조, 중복 표현 등을 빠르게 다듬을 수 있습니다.

2. 어투 바꾸기

블로그 포스트에 사용하고 싶은 어투가 있다면 "문장을 조금 더 친근한 느낌으로 바꿔 줘."
또는 "전문가 느낌으로 바꿔 줘."처럼 추가로 요청할 수도

▶ 전문가 스타일 글쓰기 기법은 03-1절을 참고하세요.

있습니다. 여기에서는 코예커플이 과거에 작성한 글을 챗
GPT에게 친근한 느낌으로 바꿔 달라고 요청했습니다.

◈ 이렇게 써보세요!

<작성한 글>을 <원하는 어투>로 바꿔 줘.

(예를 들어 친근한 느낌 / 전문가 느낌 / MZ세대 느낌 등으로 요청할 수 있습니다.)

> **친근한 어투로 바꾼 결과물**
>
> 크기는 장점이자 단점이 될 수 있는 부분이에요. 이 폰의 디스플레이가 정말 크답니다. 그래서 사용할 때 진짜 몰입이 돼요. 근데 크기 때문에 한 손으로 조작하기가 좀 어려워요. 그리고 짐에 넣을 때도 좀 불편하죠. 사실 무게도 220g으로 꽤나 무겁답니다. 그래서 휴대성은 그닥 좋지 않아요. 큰 폰을 좋아하시는 분들은 만족할 거예요. 하지만 작은 폰을 선호하는 분들은 큰 폰을 썼다가 다시 작은 폰으로 바꾸는 경우가 많아요. 그래서 구입을 고려하실 때는 가까운 매장에서 직접 크기를 느껴보고 결정하는 게 좋을 거예요.

한국어의 문장 종결법(해라, 하게, 하오, 하십시오, 해, 해요)에 맞춰 어미를 격식체 또는 비격식체로 빠르게 바꿀 수 있고요. 또, 문장 종결법에 어울리는 어투로 전체 톤을 맞출 수도 있습니다.

💡 **알아 두면 좋아요! 주제에 따른 격식체 표현 방법**

블로그 글쓰기를 할 때 격식체를 쓸지 비격식체를 쓸지 고민하는 분들이 많습니다. 정답은 없습니다. **격식체를** 사용하면 독자에게 존중과 배려하는 마음을 표현하여 긍정적인 이미지를 구축할 수 있습니다. 또한 전문 분야를 다룰 때 격식체를 사용하면 정보의 전문성을 강조하는 데 효과적입니다. 하지만 격식체를 사용하다 보면 문장이 길어져서 정보 전달의 효율성을 떨어뜨릴 수 있다는 점도 알아 둬야 합니다.

이와 달리 **비격식체**는 자연스럽고 친근한 표현으로 독자와 소통을 강화하고 친근감을 형성합니다. 또한 간결한 문장으로 정보 전달의 효율성을 높일 수 있고, 명확한 의견 표현은 독자의 몰입도를 향상해 줍니다. 하지만 때에 따라서 독자를 존중하는 마음이 부족해 보일 수도 있으므로 블로그 글의 주제와 내용에 따라 적합한 높임법을 선택하는 것이 중요합니다.

---

3. 문장 요약하기

글이 길면 챗GPT에게 "핵심 부분만 간결하게 정리해 줘." 또는 "소제목을 지정해서 가독성 좋은 글로 다듬어 줘."처럼 요청할 수도 있습니다. 공백을 포함해 5,890자인 블로그 포스트를 챗GPT가 단 몇 초 만에 간결하게 정리한 것을 확인할 수 있습니다.

◆ 이렇게 써보세요!

<작성한 글>을 <요약 스타일>로 정리해 줘.

(예를 들어 핵심 부분만 / 간결하게 / 가독성 좋게 / 소제목을 지정해서처럼 요청할 수 있습니다.)

> 다음 글을 핵심 부분만 간결하게 정리해 줘.
> 제목: 갤럭시S9, 6가지 숨은 기능과 가격 정보
> 안녕하세요. 코예커플입니다. 갤럭시S10 소식이 하나둘씩 유출되고 있습니다. 최근에는 실제와 비슷해 보이는 완성도가 높은 렌더링도 쉽게 이미지로 찾아볼 수 있었는데요. 이 소식과 함께 폰을 바꿀 계획을 하신 분들에게는 기쁜 소식이 있습니다. 바로 갤럭시S9 가격이 많이 떨어지고 있다는 것인데요. 그래서 많이들 정보를 찾아보고 있을 것으로 예상됩니다.
> (... 생략 ...)

챗GPT

제스처 기능: One Hand Operation + 앱을 통해 한 손으로 쉽게 폰을 제어할 수 있음.

엣지 라이팅: 설정에서 Edge Lighting을 활성화하여 알림을 확인할 수 있음.

돌비 애트모스: 설정에서 활성화하여 입체적인 사운드를 즐길 수 있음.

게임 툴즈: 게임 관련 기능뿐만 아니라 녹화 기능도 제공함.

AOD(Always On Display): 설정에서 이미지나 움짤을 추가하여 꾸밀 수 있음.

라이브 포커스: 플러스 모델에서 제공되며, 심도 조절과 보케 효과를 사용할 수 있음.

갤럭시S9 가격: 플러스 모델의 가격이 20만원대로 떨어지고 있음.

 알아 두면 좋아요! **어색한 고유 명사 표현을 방지하는 방법**

챗GPT는 영어에 기반한 모델이어서 '코예커플'처럼 고유 명사를 사용할 때 어색한 문장을 출력할 수 있습니다. 이럴 때는 프롬프트에 고유 명사(예: 코예커플) 대신 일반 명사(예: 필자)로 바꿔서 입력하고 나중에 편집하는 것을 추천합니다.

블로그 글을 다른 콘텐츠로 변환하기

생성형 AI를 이용하면 콘텐츠 형식을 바꾸는 까다로운 과정을 간단하게 건너뛸 수 있습니다. 프롬프트 창에 입력한 대로 글의 형식을 쉽게 바꿀 수 있기 때문입니다.

1. 뉴스 기사 형식으로 바꾸기

예를 들어 프롬프트 창에 "다음 글을 뉴스 기사 형식으로 바꿔 줘."처럼 입력해 봅니다. 예전에 작성한 블로그 포스트를 뉴스 기사, 전문적인 발표 자료, 드라마 스크립트 등의 형식으로 쉽게 바꿀 수 있습니다. 여기에서는 챗 GPT에게 뉴스 기사 형식으로 바꿔 달라고 요청해 보겠습니다.

◉ 이렇게 써보세요!

<작성한 글>을 <콘텐츠 스타일>로 바꿔 줘.

(예를 들어 뉴스 기사 / 전문적인 발표 자료 / 드라마 스크립트처럼 요청할 수 있습니다.)

Before	블로그 포스트 원본

<모바일 신분증 운전면허증 발급 방법>

1. 모바일 운전면허증 소개: 모바일 운전면허증은 스마트폰 앱을 통해 실제 운전면허증을 대신 사용할 수 있는 공공 서비스입니다. 2017년부터 도입되었으며, 현재 국내 대부분의 기관에서 신분증, 본인인증 등의 용도로 활용되고 있습니다. 모바일 신분증 앱을 통해서 발급받을 수 있으며, 운전면허증 소지자가 스마트폰에서 자신의 운전면허증 정보를 확인하고 제시할 수 있습니다.

After	챗GPT가 뉴스 기사 형식으로 바꾼 글

<모바일 운전면허증, 새로운 대안 출시>

국내에서 모바일 운전면허증이 실제 운전면허증을 대신하여 사용되는 공공 서비스가 도입되었다. 모바일 운전면허증은 스마트폰 앱을 통해 이용되며, 신분증 및 본인인증 등 다양한 용도로 활용된다. 이 서비스는 2017년부터 도입되어 현재 국내 대부분의 기관에서 사용되고 있다. 모바일 신분증 앱을 통해 발급받을 수 있으며, 이를 통해 운전면허증을 보유한 사람들은 자신의 운전면허증 정보를 스마트폰에서 확인하고 제시할 수 있다

블로그 포스트 원본 글은 모바일 신분증 앱에서 운전면허증을 발급하는 과정을 상세하게 다뤘습니다. 이번엔 챗GPT가 뉴스 기사 형식으로 바꾼 글을 살펴보면 사실에 입각해서 핵심 내용만 전달하고 문장 구조가 간결해진 것을 확인할 수 있습니다.

2. 스토리텔링 형식으로 바꾸기

스토리텔링을 강조한 글에서는 실제 있을 법한 서사와 등장인물의 대사를 통해 몰입감을 제공합니다. 프롬프트에 어떻게 요청하느냐에 따라 블로그 포스트가 이처럼 다채롭게 바뀔 수 있습니다. 앞에서 사용한 블로그 포스트 원본을 챗GPT에게 스토리텔링 형식으로 바꿔 달라고 요청해 보겠습니다.

◆ 이렇게 써보세요!

<작성한 글>을 <콘텐츠 스타일>로 바꿔 줘.

(예를 들어 스토리텔링 / 생동감 있는 표현과 서사처럼 요청할 수 있습니다.)

After	챗GPT가 스토리텔링 형식으로 바꾼 글

[주인공의 모바일 운전면허증 이야기]

한 날, 토마스는 긴 줄을 서고 있었다. 그는 자신의 운전면허증을 찾기 위해 시간을 보내고 있었다. "왜 이렇게 번거롭지?" 그는 중얼거렸다.

그런데, 그가 줄을 서고 있는 동안 한 친구가 다가와 손에 스마트폰을 들어 보였다. "이걸로 운전면허증을 대신할 수 있어!" 친구가 말했다. "정말?" 토마스는 궁금증에 사로잡혔다.

친구는 모바일 운전면허증에 관한 이야기를 시작했다. "이 앱을 통해 운전면허증을 손쉽게 받을 수 있어. 그리고 언제 어디서든 스마트폰으로 운전면허증을 확인하고 제시할 수 있어!" 친구는 설명했다.

토마스는 흥분하며 모바일 운전면허증에 대해 더 알아보기로 했다. 그 날 이후, 그는 줄을 서지 않고도 운전면허증을 손에 쥐고 다닐 수 있게 되었다. 그리고 그는 친구에게 이 편리한 서비스를 소개해준 것을 감사하게 생각했다.

이렇게 블로그 글을 뉴스 기사와 스토리텔링 형식으로 변환해 보았습니다. 블로그 글을 인스타그램 텍스트 형태로 요약하거나 유튜브 영상 기획서로 변환하는 방법은 05-2절에서 소개합니다. 이와 반대로 뉴스 기사나 영상, 스토리텔링을 강조한 글 등 여러 콘텐츠를 블로그 포스트 형식으로도 쉽게 변경할 수 있습니다. 여러 콘텐츠를 블로그 글로 변환하는 방법은 05-3절에서 자세히 설명합니다.

02-3 생성형 AI로 작성한 글의 사실 검증하기

#챗GPT #클로바X #제미나이 #코파일럿 #블로그글쓰기 #정보추출 #검증

챗GPT의 답변을 모두 복사해서 그대로 붙여 넣으면 저품질 블로그로 가는 지름길입니다. 글을 완성하면 마지막으로 사실을 검증하고 수정하는 과정을 거쳐야 생성형 AI가 블로그 글 쓰기의 효율적인 도구로서 의미가 있습니다.

다음은 02-2절에서 완성한 블로그 글입니다. 이 글을 예시로 생성형 AI를 활용해서 사실을 검증하는 방법을 알아보겠습니다.

완성한 블로그 글

제목: 제주도 여행에서 영유아와 함께 즐길 수 있는 뽀로로 앤 타요 테마파크 추천!

안녕하세요, 제주도 여행을 준비 중인 가족 여러분! 제주도로의 여행 계획을 세우고 계시죠? 그렇다면 뽀로로 앤 타요 테마파크를 꼭 포함해보세요. 이곳은 영유아부터 어린이까지 즐길 수 있는 다양한 놀이 시설과 체험 프로그램으로 가득 차 있는 곳입니다. 이제 함께 소개해드리겠습니다.

1. 위치 정보
제주특별자치도 서귀포시 대정읍 일주서로 3009

2. 입장료 및 할인 정보
성인 입장료 : 대략 20,000원 ~ 25,000원
어린이 입장료 : 15,000원 ~ 20,000원

— 온라인 예약: 공식 웹 사이트나 여행 예약 사이트를 통해 온라인으로 예약할인

— 제휴 카드 혜택: 제휴 카드를 통한 할인

— 특별 이벤트 및 쿠폰: 특정 기간 내 이벤트 및 할인 쿠폰 적용 할인

3. 뽀로로 앤 타요 테마파크 놀이 정보
* 뽀로로 놀이동산: 뽀로로와 친구들이 나오는 장난감 동산에서 아이들은 무궁무진한 놀이를 즐길 수 있습니다. 놀이동산 안에는 미니 롤러코스터, 회전목마, 그네 등 다양한 놀이기구가 있어 아이들이 뽀로로와 함께 즐거운 시간을 보낼 수 있습니다.

(... 생략 ...)

이 외에도 더 많은 놀이 시설과 체험 프로그램이 제공되고 있으니, 아이들과 함께 잊지 못할 추억을 만들어 보세요.

4. 주변 관광지 정보

뽀로로 앤 타요 테마파크를 들린 후에 함께 방문하면 좋을 관광지 정보도 공유드립니다. 성산일출봉, 용두암, 제주동문시장 등 이러한 주변 관광지를 방문하여 가족 여행을 더욱 풍성하고 다채롭게 만들어보세요. 함께하는 시간이 소중한 가족들과의 여행은 더욱 특별한 추억으로 남을 것입니다.

뽀로로 앤 타요 테마파크는 제주도 여행의 하이라이트가 될 것입니다. 함께 즐거운 여행되세요!

언뜻 보면 결과물이 꽤 괜찮은 것 같지만 사실 실제와 다른 부분이 많습니다. 이렇게 부정확한 글을 발행하면 네이버는 저품질 문서로 판단할 가능성이 큽니다. 그렇다면 이 모든 문장을 하나씩 검토해야 할까요? 이때도 생성형 AI를 활용한다면 검증 작업을 아주 쉽게 마칠 수 있습니다.

챗GPT로 검증할 정보 추출하기

먼저 글에서 검증할 정보를 추려 내야 합니다. 이때 챗GPT를 활용하면 편리합니다. 앞서 작성한 블로그 글을 복사 & 붙여넣기한 뒤 다음처럼 프롬프트를 작성해 보세요.

◆ 이렇게 써보세요!

\<작성한 글 복사 & 붙여넣기\>
객관적인 정보만 정리해 줘.

> 객관적인 정보만 정리해 줘.

챗GPT

— 위치 정보: 제주특별자치도 서귀포시 대정읍 일주서로 3009

— 입장료 및 할인 정보:

　　성인 입장료: 대략 20,000원 ~ 25,000원
　　어린이 입장료: 15,000원 ~ 20,000원

— 할인 정보:

　　온라인 예약: 공식 웹 사이트나 여행 예약 사이트를 통해 온라인으로 예약할인
　　제휴 카드 혜택: 제휴 카드를 통한 할인
　　특별 이벤트 및 쿠폰: 특정 기간 내 이벤트 및 할인 쿠폰 적용 할인

- 놀이 시설:

    뽀로로 놀이동산: 미니 롤러코스터, 회전목마, 그네 등

    타요 어드벤처: 타요 차량 운전 체험, 타요와 함께 춤 추는 체험

    페인팅 존: 자유로운 그림 그리기 및 색칠 체험

    타요 레이싱존: 소형 자동차 레이싱 체험

    뽀로로와 타요 만남: 주기적인 만남, 사진 촬영 가능

- 주변 관광지:

    성산일출봉

    용두암

    제주동문시장

클로바 X로 검증하기

앞서 챗GPT로 객관적인 정보를 추출했다면 이제 이 정보가 사실인지 직접 검색하여 찾아보거나, 다른 생성형 AI에도 동일한 질문을 해야 합니다. 이번에는 한국어 데이터를 가장 많이 학습한 것으로 알려진 클로바 X에게 다음과 같이 요청했습니다.

> 뽀로로 앤 타요 테마파크 제주에 관한 정보를 정리해 줘.
> 위치 정보, 입장료 및 할인 정보, 주요 놀이시설, 주변 관광지 정보를 포함해 줘.

X
클로바 X

1. 위치 정보: 제주 서귀포시 안덕면 병악로 269

2. 입장료 및 할인 정보
   입장료는 다음과 같습니다.
   어린이(12개월-13세): 25,000원
   어른(14세 이상): 20,000원
   12개월 미만 무료

   할인 정보는 다음과 같습니다.
   제주 도민 할인: 30%
   장애인 할인: 50%
   국가유공자 할인: 50%
   다자녀 할인: 30%
   경로 할인: 30%

3. 주요 놀이시설
   실내 놀이시설: 뽀로로 마을, 타요의 카존, 에디의 창의 교실, 포비의 후룸라이드, 루피의 요리 하우스 등

실외 놀이시설: 타요의 미니트랙, 뽀로로 관람차, 로디의 드롭타워, 크롱의 바이킹 등

4. 주변 관광지 정보

오설록 티 뮤지엄: 차로 10분 거리

제주항공우주박물관: 차로 15분 거리

카멜리아 힐: 차로 20분 거리

위의 정보는 2023년 7월 기준으로 작성되었으며, 상황에 따라 변동될 수 있습니다. 방문 전에 공식 홈페이지나 전화를 통해 확인하시는 것이 좋습니다.

제미나이로 검증하기

제미나이에게도 동일한 프롬프트로 요청했습니다. 비교적 신뢰할 수 있는 출처인 제주 관광 정보 센터의 링크와 함께 답변을 제공해 주었습니다. 전체적으로 클로바 X의 답변과 유사하지만, 방문객에게 정확하게 제공해야 할 입장료 및 할인 정보 부분에서 큰 차이를 확인할 수 있습니다.

> 뽀로로 앤 타요 테마파크 제주에 관한 정보를 정리해 줘.
> 위치 정보, 입장료 및 할인 정보, 주요 놀이 시설, 주변 관광지 정보를 포함해 줘.

◇ 제미나이

위치: 제주특별자치도 서귀포시 안덕면 병악로 269

입장료 및 할인 정보: — 이처럼 차이가 큰 부분은 교차 검증을 해야 합니다.

성인: 33,000원

청소년(13세~18세): 29,000원

어린이(3세~12세): 25,000원

만 3세 미만: 무료

할인 정보:

온라인 예매: 10% 할인

제주도민: 20% 할인

장애인: 30% 할인

국가유공자: 50% 할인

다자녀: 30% 할인(3명 이상)

병역특례대상자: 20% 할인

주요 놀이시설:

실내: 뽀로로 미니 어드벤처: 뽀로로와 친구들의 세계를 탐험하는 어트랙션

(... 생략 ...)

주변 관광지 정보:
제주올레길: 아름다운 제주의 자연을 감상하며 걸을 수 있는 트레킹 코스
카멜리아힐: 다양한 종류의 동백꽃을 감상할 수 있는 테마파크
서귀포 매일올레시장: 제주도의 특산품을 구입할 수 있는 시장
정방폭포: 웅장한 폭포를 감상할 수 있는 관광 명소

기타 정보:
뽀로로 앤 타요 테마파크는 연중무휴 운영됩니다.
운영시간은 오전 9시부터 오후 6시까지입니다.

뽀로로 앤 타요 테마파크 홈페이지에서 더 자세한 정보를 확인할 수 있습니다.

https://m.visitjeju.net/kr/detail/view?contentsid=CNTS_200000000009752

코파일럿으로 검증하기

이번에는 데이터의 출처를 확인할 수 있는 코파일럿에게 정보가 사실인지 검증해 보겠습니다. 문장에 마우스 커서를 올리면 출처를 직접 확인할 수 있어서 최신 데이터인지 등을 확인해 보거나 사실 여부를 체크하기도 편합니다.

네이버 블로그의 글을 출처로 삼은 코파일럿의 답변

코파일럿은 블로그, 제주관광공사 등에서 정보를 찾은 뒤 그 출처를 제공한 것을 확인할 수 있습니다.

> 뽀로로 앤 타요 테마파크 제주에 관한 정보를 정리해 줘.
> 위치 정보, 입장료 및 할인 정보, 주요 놀이 시설, 주변 관광지 정보를 포함해 줘.

코파일럿

뽀로로 앤 타요 테마파크에 대한 정보를 아래와 같이 정리해드립니다:

위치 정보: 뽀로로 앤 타요 테마파크는 제주특별자치도 서귀포시 안덕면 병악로 269에 위치해 있습니다.[12]

입장료 및 할인 정보:
일반적인 입장료는 어른이 4만원, 어린이가 3만원입니다[3].
네이버 예매를 통해 20% 할인을 받을 수 있습니다[3].
다자녀 셋째부터 무료이며, 제주도민 본인에 한해 40% 현장 할인이 가능합니다[4].

주요 놀이시설:

야외에는 커다란 미로와 캐릭터공원, 바이킹, 관람차 등의 놀이기구가 있습니다[5].

실내에는 미니바이킹, 회전목마 등 유원지에서 볼 수 있는 것들 외에도, 워터슬라이드, 디지털드로잉, 4D라이더 등 다양한 놀이기구들이 준비되어 있습니다[5].

뽀로로파크존 (소형 키즈카페)과 타요트램폴린파크존 (트램폴린) 등의 공간도 있습니다[6].

주변 관광지 정보:

뽀로로 앤 타요 테마파크에서 15분 거리에는 신화월드 놀이동산이 있습니다[7].

17분 거리에는 금능 해수욕장이 위치해 있습니다[7].

이 외에도 테마파크 내에서는 다양한 체험 프로그램을 즐길 수 있습니다[5].

방문하시는 날씨와 계획에 따라 적절한 이용권을 선택하시는 것이 좋습니다[3].

Learn more

1 blog.naver.com

2 in.naver.com

3 ***.tistory.com

+9 more

다른 생성형 AI보다 코파일럿의 답변 정확도가 가장 높았지만, 문장의 출처를 선택하여 직접 확인해 보니 입장료 및 할인 정보에 오류가 있음을 발견하여 즉시 수정할 수 있었습니다. 이처럼 생성형 AI의 답변이 항상 정확한 것은 아니므로 사실을 검증해야 한다는 점과, 질문의 성격이나 서비스의 특징에 따라 답변이 다를 수 있다는 것 또한 알아야 합니다.

생성형 AI로 검증한 사실을 모아서 블로그 글쓰기

이제 사실 검증도 끝났으니, 챗GPT가 작성한 블로그 글의 뼈대, 코파일럿이 제공한 수정된 입장료 및 할인 정보, 그리고 제미나이가 제공한 주요 놀이 시설 정보와 클로바 X의 주변 관광지 정보를 합쳐서 편집해 봤습니다. 다음은 지금까지 작업해서 편집한 최종 결과물입니다.

최종 결과물

> 챗GPT가 작성한 서론을 활용했어요!

제목: 제주도 여행에서 영유아와 함께 즐길 수 있는 뽀로로 앤 타요 테마파크 추천!

안녕하세요, 제주도 여행을 준비 중인 가족 여러분! 제주도로의 여행 계획을 세우고 계시죠? 그렇다면 뽀로로 앤 타요 테마파크를 꼭 포함해보세요. 이곳은 영유아부터 어린이까지 즐길 수 있는 다양한 놀이 시설과 체험 프로그램으로 가득 차 있는 곳입니다. 이제 함께 소개해드리겠습니다.

1. 위치 정보

   제주특별자치도 서귀포시 안덕면 병악로 269

2. 입장료 및 할인 정보

   성인 입장료 : 40,000원

   코파일럿이 알려 준 입장료,
   할인 정보 내용을 담았어요!

   어린이 입장료 : 30,000원

   입장료는 다음과 같으며, 할인 방법으로는 다음과 같은 방법들이 있습니다:

   — 네이버 예약 시 최대 20퍼센트 할인

   — 다자녀 혜택으로 셋째부터 무료 입장

   — 12개월 미만 무료 입장 (증빙 서류 필참)

   — 제주도민 본인에 한해 30퍼센트 할인 (증빙 서류 필참)

3. 뽀로로 앤 타요 테마파크 놀이 정보

   제미나이가 알려 준 놀이 시설
   정보를 활용했어요!

   뽀로로 앤 타요 테마파크 제주에는 실내외 넓은 영역에서 다양한 놀이시설이 준비되어 있습니다.

(... 생략 ...)

이 외에도 더 많은 놀이 시설과 체험 프로그램이 제공되고 있으니, 아이들과 함께 잊지 못할 추억을 만들어 보세요.

4. 주변 관광지 정보

   클로바 X가 알려 준 주변 관광지
   정보를 활용했어요!

   뽀로로 앤 타요 테마파크를 들린 후에 함께 방문하면 좋을 관광지 정보도 공유합니다.

   — 오설록 티 뮤지엄: 차로 10분 거리

   — 제주항공우주박물관: 차로 15분 거리

   — 카멜리아 힐: 차로 20분 거리

주변 관광지도 함께 방문하여 가족 여행을 더욱 풍성하고 다채롭게 만들어보세요. 함께하는 시간이 소중한 가족들과의 여행은 더욱 특별한 추억으로 남을 것입니다. 뽀로로 앤 타요 테마파크는 제주도 여행의 하이라이트가 될 것입니다. 함께 즐거운 여행되세요!

이처럼 여러 생성형 AI의 특징과 장점을 살려 도움을 받으면 더욱 풍성하고 유용한 블로그 콘텐츠를 만들 수 있습니다. 이 방법을 활용하면 직접 방문하지 않은 여행지 정보부터 전문 지식이 필요한 분야의 글도 쉽게 작성할 수 있습니다.

알아 두면 쓸모 있는
블로그 글쓰기 노하우 3가지

02-4

#블로그 #검색엔진 #알고리즘 #글쓰기팁 #꿀팁 #SEO #스마트블록 #지식스니펫

블로그 글을 열심히 써서 올렸는데 아무도 읽지 않는다면 정말 슬플 것입니다. 블로그 운영에 성공하려면 검색 엔진 최적화(search engine optimization, SEO) 전략뿐만 아니라 사용자에게 가치 있는 콘텐츠를 제작하는 것이 중요하죠. 이번 절에서는 네이버 알고리즘의 특징을 간단하게 살펴보고, 검색 이용자의 요구를 고려한 효과적인 블로그 콘텐츠 제작 방법 노하우까지 알려 드릴게요.

하나, 검색 엔진이 좋아하는 글은 따로 있다! — 네이버 알고리즘

기본적으로 구독자(팬)가 많은 유명한 블로거가 아니라면 내 글이 '검색'에 잘 걸려야 조회수가 늘어납니다. 이렇게 하려면 네이버가 선호하는 방향으로 글을 작성해야 합니다. 네이버는 검색 알고리즘을 도입해서 좋은 글을 상위에 노출시킵니다. 네이버에서는 이 알고리즘을 공개할 때도 있으나 대개 기준이나 정답은 알려 주지 않습니다. 알고리즘의 정답을 공개하면 누구나 해당 알고리즘에 맞춰 글을 작성할 테니 문서의 변별력이 떨어지기 때문이죠. 또한 공개된 알고리즘을 바탕으로 만드는 어뷰징 문서도 넘쳐날 테고요.

그래서 네이버에서는 지금도 꾸준하게 기존 검색 알고리즘의 단점을 보완하고 고도화하고 있습니다. 이때 등장해서 대중에게 알려진 알고리즘이 **시랭크**(C-Rank)입니다. 시랭크는 맥락(context)과 내용(content) 그리고 연결성(chain)을 종합하여 인기도(creator) 지수를 산정하고 콘텐츠를 인기도순으로 노출시켰죠.

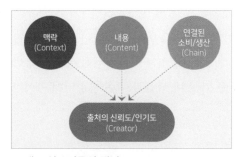

C-랭크 알고리즘의 개념

이후 빅데이터로 분석하는 **DIA+ 알고리즘**, AI 기술을 총 동원한 **오로라**(Aurora) 프로젝트까지 다양한 알고리즘이 등장했습니다. 이런 알고리즘의 발전은 질 좋은 콘텐츠를 상위에 노출시키면서 건강한 블로그 생태계를 만드는 데 목적이 있습니다. 이제 이렇게 고도화된 알고리즘을 분석하는 것은 불가능에 가깝습니다.

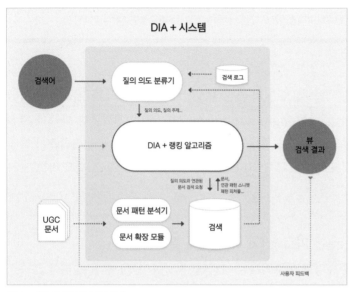

DIA+ 알고리즘의 프로세스

그렇다면 블로그 상위에 노출되도록 하는 데 우리는 아무것도 할 수 없을까요? 이런 걱정을 하는 블로거를 위해서 네이버는 좋은 문서가 상위에 노출된다는 것을 꾸준하게 명시하고 있습니다. 알고리즘은 시대에 맞춰 계속 변하지만 좋은 문서의 기준은 변하지 않는다는 의미입니다.

이렇듯 네이버는 전문성이 있고 객관적인 정보를 전달할 뿐만 아니라 **창작자의 개인 경험이나 의견을 포함한 콘텐츠를 높게 평가**합니다. 이는 단순히 정보를 나열하는 방식을 넘어 독자와 공감대를 형성하고 몰입도를 높이는 글쓰기 방식을 강조하는 것을 의미합니다.
생성형 AI를 활용한 글쓰기를 단순하게 사용하면 필자의 개인 경험이나 의견이 들어가지 않습니다. 정보 위주의 글은 다른 사람도 쉽게 쓸 수 있으므로 내 스타일로 편집하는 과정이 반드시 필요합니다. 독자들도 공감하여 몰입하며 읽을 수 있는 내 생각과 경험을 넣어 네이버가 좋아하는 글로 업그레이드해 보세요.

둘, 스마트블록과 지식스니펫을 노출하라! — 소제목, 목록, 표 기능 이용하기

현재 네이버 검색 결과에는 스마트블록과 지식스니펫이라는 기능이 있습니다. **스마트블록**은 사용자의 검색 의도와 취향에 맞춰 콘텐츠를 카테고리별 블록으로 제공하는 네이버 검색 결과 기능입니다. 예를 들어 '폴드5'를 검색했을 때 사용자가 궁금해할 만한 '폴드5 가격', '폴드5 출시일', '폴드5 색상' 등을 블록으로 생성해 결과로 제공합니다.

▶ 스마트블록을 활용하는 방법은 [스페셜 2]를 참고하세요.

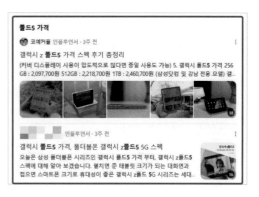

네이버의 스마트블록

지식스니펫(snippet)은 AI 알고리즘을 기반으로 사용자가 찾고자 하는 목적에 가장 적합한 정보를 자동으로 추출해 검색 최상단에 노출하는 기능입니다. 예를 들어 '아이폰 진동 설정'을 검색했을 때 문서 안에서 핵심 내용을 뽑아 최상단에 노출해 줍니다.

▶ snippet은 작은 정보나 소식을 뜻합니다.

▶ 지식스니펫을 자세히 알고 싶다면 blog.naver.com/naver_search/ 222936857492에서 확인해 보세요.

네이버의 지식스니펫 예시

해당 영역에 긍정적인 영향을 미치는 요소가 바로 소제목, 목록, 표 기능입니다. 지식스니펫에서는 사용자가 원하는 정보를 쉽게 확인할 수 있도록 문장형, 목록형, 표형, 카드형 등 가독성 높은 형태로 검색 결과를 다양하게 노출합니다. 즉, 구조화된 정보의 제공, 정확하고 디테일한 정보를 바탕으로 질의한 의도에 맞게 형태를 구분하여 상위에 노출해 줍니다. 사용자 질의 의도에 맞는 답변 가운데 가독성 좋은 글에 높은 점수를 부여하겠다는 뜻이겠죠?

카드 형태로 구분되어 노출된 스마트블록의 모습

표 형태로 구분되어 노출된 지식스니펫의 모습

그렇다면 가독성 높은 글이란 무엇일까요? 이런 궁금증을 해결하기 위해 코예커플은 2023년 초 상위 IT 블로거 12명과 함께 한 달여 동안 스마트블록과 지식스니펫 분석 프로젝트를 진행했습니다. 프로젝트 결과 상위 IT 블로거라 할지라도 해당 영역에 노출시키기란 쉽지 않았습니다. 그러나 소제목, 목록, 표 기능을 적절하게 활용해 가독성을 높이면 노출될 기회가 조금 더 많아진다는 결론을 얻었습니다.

소제목, 목록, 표 기능을 활용해 가독성을 높인 코예커플의 블로그 콘텐츠 예시

물론 스마트블록과 지식스니펫에 노출되는 글이 모두 목록형과 카드형, 표형으로 이루어지는 것은 아니어서 소제목, 목록, 표 기능을 무조건 활용할 필요는 없습니다. 글의 성격에 따라 요약이 필요하거나 특정 제품의 사용 방법과 같이 순서가 있는 글 등에 소제목, 목록, 표를 적절히 배치해 가독성 좋은 문서로 만드는 것이 핵심입니다.

셋, 독자가 좋아하는 글 = 검색 이용자 중심의 콘텐츠!

많은 초보 블로거는 독자들이 자신의 개인 이야기를 듣고 싶어 한다고 오해합니다. 하지만 실제로 검색으로 유입된 독자는 검색 키워드와 관련된 정보를 신속하고 정확하게 얻고 싶어 합니다. 따라서 글쓰기 전에 **타깃 독자를 명확히 설정하고, 그들이 원하는 정보를 중심으로 글을 구성**해야 합니다.

예를 들어 '아이폰 15 프로 할인 가격'이라는 검색어로 유입된 독자는 아이폰 15 프로 기기의 할인 가격 정보에만 관심이 있습니다. 따라서 글의 앞부분에 이와 관련된 정보를 명확하게 제시해야 합니다. 독자들이 원하는 정보를 쉽게 찾을 수 있도록 글의 구성을 명확하게 하고, 불필요한 정보 또는 독자들이 알고 싶어 하지 않는 정보는 줄이거나 과감하게 제거해야 합니다. 따라서 '아이폰 15 프로 기기를 할인된 가격으로 구매하려고 아침에 일찍 일어나서 휴대폰 매장에 갈 때까지 준비 과정'과 같은 정보는 필요하지 않습니다.

이 내용을 다음 표로 정리했습니다. 독자들은 둘 중에 어떤 콘텐츠에 끌릴까요?

검색 이용자 중심 콘텐츠 제작의 예	글쓴이 중심 콘텐츠 제작의 예
아이폰 15 프로 가격 및 할인 정보	0324코예의 일기 / 여름뮤트 파스텔 / 마포구 휴대폰 성지 방문 / 아이폰 15 프로 할인 가격
아이폰 15 프로의 가격은 국가, 통신사, 저장 용량 등에 따라 다르지만, 애플 코리아 공식 홈페이지에 따르면 출고 가격은 다음과 같습니다. < 아이폰 15 프로 공식 출고 가격 > - 128GB 모델: 1,550,000원 - 256GB 모델: 1,700,000원 〔필요한 정보가 일목요연하게 정리되어 있어요!〕 - 512GB 모델: 2,000,000원 - 1TB 모델: 2,300,000원 대학생인 제가 구매하기에는 가격이 꽤 비싼 편이라, 아이폰 15 프로를 할인받아 구매할 수도 있는지도 찾아보았습니다. < 아이폰 15 프로 할인 가격 > - 애플 보상 판매: 최대 990,000원 크레딧 제공. - 쿠팡: 약 8%의 카드 할인을 제공. 현재 다나와에서는 아이폰 15 프로 256GB 모델의 최저가가 1,545,300원으로 나와 있습니다. 인기 있는 휴대폰이다 보니, 가격이 확인 시점에 따라 변동될 수 있으니, 구매 전에 가격을 다시 확인해 보시기 바랍니다.	여러분들~ 요즘 제가 쓰고 있는 아이폰 XS가 점점 맛이 가려고 해요., 인스타그램이랑 유튜브에서 영상 보면 뜨거워지고요… 제 지인 중에 휴대폰 정보 잘 아는 친구가 있거든요? 바로 저와 중학교 때부터 친했던 상준이한테 카톡으로 물어봤어요. 때마침 최근에 휴대폰 바꾸면서 알아봤다고, 마포구에 있는 어떤 휴대폰 가게가 제일 싸다네요? 그래서 아침잠이 많은 제가 아이폰을 최신형으로 바꾸려고, 무려 8시 반에 일어났습니다! ㅋㅋ 그 친구도 오랜만에 보는 거라 뭘 입고 가야 할지 고민하다가, 오늘의 OOTD는 이렇게 꾸며봤습니다. 제가 또 여름 뮤트톤이라서 이런 파스텔톤 컬러가 잘 맞는 거 같아요. 어때요? 예쁘죠. 그래서 마을버스 마포 09번 타고, 드디어 약속장소에 갔습니다. 고고씽~

대부분의 초보 블로거들은 종종 오른쪽 글쓴이 중심 콘텐츠 제작의 예처럼 실수를 합니다. 이런 콘텐츠는 독자들이 원하는 정보를 얻지 못하므로 뒤로 가기(이탈)를 하게 만들고, 결국 체류 시간이 줄어들어 네이버에서 품질이 낮은 문서로 평가받습니다. 따라서 블로그 글쓰기를 시작하기 전에 다음 질문을 자신에게 던져 보세요.

블로그 글쓰기를 시작하기 전에 자신에게 질문하기

- 이 글은 어떤 사람이 읽을까?
- 독자는 이 글에서 무엇을 얻고 싶어 할까?

이 질문에 스스로 답해 보면서 대상 독자와 글의 주제를 명확하게 설정해야 합니다. 타깃과 주제가 명확하면 글의 내용이 일관성을 유지하고 불필요한 내용을 제거해서 독자들이 읽기 편안한 상태가 됩니다.

💡 **알아 두면 좋아요!** 생성형 AI에 정확한 정보를 미리 입력하면 추가 검증이 필요 없다!

블로그는 키워드 검색을 통해 유입된 방문자가 대부분이므로, 유입된 키워드와 관련된 정확한 정보 전달이 매우 중요합니다. 관광지의 경우 주소, 영업 시간, 입장료 등의 세부 사항을 정확히 전달해야 하며, 전자기기의 경우에는 하드웨어 스펙 등을 정확하게 입력해야 합니다.

챗GPT 등 생성형 AI를 사용해 글을 쓰면 반드시 '이 정보가 정확한가?'를 확인해야 합니다. 앞서 02-3절에서 다양한 생성형 AI를 활용해 교차로 검증하는 방법도 알려 드렸죠. 여기서 시간을 더 아끼고 싶다면 **검증된 정보를 미리 생성형 AI에 입력해 두는 것을 추천합니다.**

예를 들어 챗GPT에 "다음 정보를 포함하여 글을 작성해 줘 ― 위치: 제주 서귀포시 안덕면 병악로 269, 운영 시간: 매일 10시 ~ 18시"라고 요청하면, 입력된 정보를 바탕으로 정확한 답변을 제공합니다. 이렇게 답변한 정보는 추가 검증 과정 없이도 신뢰도가 높은 결과물을 얻을 수 있습니다.

이러한 방식은 블로그 글쓰기의 시간을 절약해줄 뿐만 아니라, 콘텐츠의 신뢰도를 유지하는 데도 큰 도움이 됩니다. 따라서 방문자들이 블로그를 통해 정확한 정보를 빠르게 얻을 수 있도록, 사전에 공신력 있는 정보를 챗GPT에게 미리 입력해 활용하는 것도 글쓰기의 좋은 전략입니다.

03

내용 구성부터 어투까지!
분야별 블로그 글쓰기 기법

블로그 포스트의 글쓰기 기법이 다양하다는 것, 알고 있나요? 어려운 전문 용어도 쉽게 풀어 척척 사용하는 전문가 스타일부터 가까운 친구가 말해 주는 듯한 친근하고 캐주얼한 스타일, 협찬 스타일까지 블로그 주제에 따라 다양한 글쓰기를 할 수 있습니다. 이번 장에서는 분야에 따라 생성형 AI를 활용하는 블로그 글쓰기 기법 3가지를 실습해 보겠습니다.

정보 전달에 어울리는 전문가 스타일 글쓰기 기법

03-1

#논리적글쓰기 #비교분석 #전문내용 #IT #경제 #GPT-4 #GPT-4o

전문가 스타일 글쓰기는 특정 분야의 지식과 경험을 바탕으로 한다는 특징이 있습니다. 그래서 주제를 깊이 이해하면서 명확하고 정확한 정보 전달에 중점을 둡니다. 여기에서는 논리적인 글쓰기, 비교 분석하는 글쓰기, 전문적인 내용을 쉽게 풀어 쓰는 글쓰기 기법을 소개합니다.

논리적인 글쓰기

논리적인 글쓰기에서는 구조적으로는 논리적이고 체계적인 배열을 따르고, 객관적인 사실과 데이터에 기반하여 주장을 전개합니다. 논리적인 글쓰기의 흐름은 크게 다음 4단계로 나눌 수 있습니다.

1단계 본문 작성하기

생성형 AI를 사용하면 전문가 스타일 글쓰기도 어렵지 않습니다.

---

❷ 이렇게 써보세요!

<주제>를 주제로 해서 <역할>로 <글자 수> 안에서 글을 작성해 줘.

챗GPT의 프롬프트 창에 "'인공지능의 미래'를 주제로 해서 전문가 톤으로 1,000자 안에서 작성해 줘."라고 입력해 보았습니다.

'인공지능의 미래'를 주제로 해서 전문가 톤으로 1,000자 안에서 작성해 줘.

챗GPT

인공지능은 현재 우리 사회에 놀라운 혁신과 변화를 가져오고 있으며, 미래에도 더욱 깊이 통합되고 발전할 것으로 예측됩니다. 기술의 발전과 함께 인공지능은 우리의 삶을 변화시키고 새로운 가능성을 제시할 것입니다.

첫째, 인공지능은 산업과 비즈니스 영역에서 더욱 중요한 역할을 할 것입니다. 현재 이미 자율 주행 차량, 의료진단, 공장 자동화 등 다양한 분야에서 인공지능 기술이 적용되고 있습니다. 미래에는 이러한 적용 범위가 더욱 확대될 것으로 예상됩니다. 예를 들어, 지능형 로봇이 보다 복잡한 공정에서 인간을 보조하거나 대체할 수 있을 것입니다. 또한, 인공지능을 활용한 예측 분석은 비즈니스 의사 결정에 큰 도움이 될 것입니다.

둘째, 인공지능은 의료 분야에서 혁신적인 변화를 가져올 것으로 전망됩니다. 의료 인공지능은 질병 진단 및 치료, 의료 영상 해석, 개인 맞춤형 치료 등 다양한 분야에 적용될 것입니다. 이를 통해 질병 조기 발견과 효과적인 치료가 가능해지며, 의료 서비스의 효율성과 품질이 향상될 것으로 기대됩니다.

셋째, 인공지능은 교육 분야에서도 혁신을 이끌 것으로 예측됩니다. 개별 학습 경험을 맞춤화하고 학습자의 능력과 특성에 따라 최적의 학습 경로를 제공하는 개인화된 교육 시스템이 발전할 것입니다. 또한, 인공지능을 활용한 온라인 교육 플랫폼이 보다 효율적이고 질 높은 교육을 제공할 것으로 기대됩니다.

넷째, 인공지능은 사회와 인간관계에도 영향을 미칠 것입니다. 소셜 미디어 플랫폼에서의 개인화된 콘텐츠 추천, 감정 분석, 사용자 상호작용 등을 통해 소셜 미디어의 활용이 더욱 증가할 것으로 예상됩니다. 또한, 감정 인식 및 대화형 인공지능 시스템은 인간과의 상호작용을 더욱 자연스럽게 만들어 줄 것입니다.

마지막으로, 인공지능의 발전은 윤리적, 사회적인 문제들을 함께 끌어올릴 것입니다. 개인 정보 보호, 인공지능의 편향성과 공정성, 일자리 변화 등에 대한 고려가 필수적으로 이뤄져야 합니다. 인공지능의 발전은 인류의 복지와 번영을 위해 지속적인 논의와 노력이 필요한 과제임을 명심해야 합니다.

요약하면, 인공지능의 미래는 기술의 발전과 함께 우리의 삶을 혁신하고 변화시킬 것입니다. 산업, 의료, 교육, 사회 등 다양한 분야에서 인공지능은 더욱 중요한 역할을 할 것으로 예상되며, 이에 대한 윤리적, 사회적인 측면을 고려하는 논의와 노력이 필요합니다.

챗GPT의 답변을 살펴볼까요? 문장이 짧고 명확하며 불필요한 미사여구 등을 줄여 깔끔히 정리해서 편하게 읽을 수 있었고요. 핵심 문장을 명확하게 제시하여 글을 설득력 있게 완성했습니다.

예시 및 근거 보충하기

여기에 주장을 뒷받침하는 근거와 증거를 추가하면 더욱 더 논리적인 글이 완성됩니다. 챗
GPT 프롬프트 창에 추가로 "주장에 맞는 근거나 예시를 충분히 제시하여 논리적인 느낌이
들도록 해줘."라고 입력해 봅니다. 챗GPT는 사용자가 따로 자료를 조사하지 않아도 논리적
으로 뒷받침할 수 있도록 근거와 예시를 추가한 문장을 완성해 줍니다.

❤ **이렇게 써보세요!**

〈작성한 글〉을 주장에 맞는 근거나 예시를 충분히 제시하여 더욱 논리적인 느낌이 들도록 해줘.

> 위 글을 주장에 맞는 근거나 예시를 충분히 제시하
> 여 더욱 논리적인 느낌이 들도록 해줘.

🌀 **챗GPT** 인공지능의 미래에 대한 주장을 더 논리적으로 뒷받침하기 위해 몇 가지 근거와 예시를 제시하겠
습니다.

첫째, 산업과 비즈니스 분야에서의 인공지능의 중요성은 이미 현실화되고 있습니다. 자율 주행
차량은 대표적인 예시 중 하나입니다. 기업들은 자율 주행 기술을 통해 운송 비용을 절감하고 안
전성을 향상시키는 데 큰 관심을 기울이고 있습니다. 예를 들어, 테슬라의 오토파일럿 시스템은
이미 운전자의 개입 없이 긴 거리를 주행할 수 있는 기술을 제공하고 있습니다.

둘째, 의료 분야에서 인공지능의 혁신적인 적용 사례가 많습니다. IBM의 왓슨은 의료 영상 분석,
질병 진단 및 개인 맞춤형 치료에 사용되는데, 이를 통해 의료 서비스의 질과 효율성이 향상되고
있습니다. 또한, 의료 기기 제조사들은 생체 신호를 분석하여 질병을 조기에 감지하고 예방하는
데 인공지능을 적극적으로 활용하고 있습니다.

셋째, 교육 분야에서의 인공지능의 적용은 개별 학습 경험을 개선하고 있습니다. 예를 들어, 학습
자의 학습 패턴과 성취 수준을 분석하여 최적의 학습 경로를 제시하는 AI 플랫폼들이 개발되고
있습니다. 또한, 온라인 교육 플랫폼인 Coursera나 edX 같은 기업들은 사용자의 학습 데이터
를 기반으로 강의를 추천하고 개인화된 학습 경험을 제공하는데 인공지능을 활용하고 있습니다.

넷째, 소셜 미디어 분야에서의 인공지능의 적용은 사용자 경험을 향상시키고 있습니다. 페이스북
이나 인스타그램과 같은 플랫폼은 사용자의 취향과 행동을 분석하여 맞춤형 콘텐츠를 제공하고
있습니다. 또한, 감정 분석 기술을 활용하여 사용자의 감정에 따라 광고나 콘텐츠를 개인화하는
데 인공지능이 활용되고 있습니다.

이러한 근거와 예시들은 인공지능이 다양한 분야에서 혁신적인 변화를 가져올 수 있다는 것을 더
욱 논리적으로 뒷받침합니다. 인공지능의 발전은 우리의 삶을 혁신하고 더 나은 미래를 구축하는
데 중요한 역할을 할 것으로 기대됩니다.

3단계 문장 다듬기

이제 앞서 '인공지능의 미래'를 주제로 작성한 글에 몇 가지 근거와 예시를 병합하는 과정이 필요합니다. 이 역시도 챗GPT의 도움을 받아 보겠습니다. 프롬프트 창에 "논리적으로 뒷받침할 수 있도록 근거와 예시를 합쳐서 흐름이 맞도록 수정해 줘."라고 입력해 요청하면 됩니다.

◉ **이렇게 써보세요!**

〈작성한 글〉에 논리적으로 뒷받침할 수 있도록 근거와 예시를 합쳐서 흐름이 맞도록 수정해 줘.

> 앞서 인공지능의 미래를 주제로 작성한 글에 논리적으로 뒷받침할 수 있도록 근거와 예시를 합쳐서 흐름이 맞도록 수정해 줘.

챗GPT

인공지능의 미래

인공지능은 현재 우리 사회에 놀라운 혁신과 변화를 가져오고 있으며, 미래에도 더욱 깊이 통합되고 발전할 것으로 예측됩니다. 이를 논리적으로 뒷받침하기 위해 몇 가지 근거와 예시를 살펴보겠습니다.

첫째, 산업과 비즈니스 분야에서의 인공지능의 중요성은 이미 현실화되고 있습니다. 자율 주행 차량은 대표적인 예시 중 하나입니다. 기업들은 자율 주행 기술을 통해 운송 비용을 절감하고 안전성을 향상시키는 데 큰 관심을 기울이고 있습니다. 예를 들어, 테슬라의 오토파일럿 시스템은 이미 운전자의 개입 없이 긴 거리를 주행할 수 있는 기술을 제공하고 있습니다. 이러한 기술의 발전은 미래에는 보다 복잡한 공정에서 인공지능이 인간을 보조하거나 대체할 수 있을 것을 시사합니다.

(... 생략 ...)

넷째, 소셜 미디어 분야에서의 인공지능의 적용은 사용자 경험을 향상시키고 있습니다. 페이스북이나 인스타그램과 같은 플랫폼은 사용자의 취향과 행동을 분석하여 맞춤형 콘텐츠를 제공하고 있습니다. 또한, 감정 분석 기술을 활용하여 사용자의 감정에 따라 광고나 콘텐츠를 개인화하는데 인공지능이 활용되고 있습니다. 이러한 소셜 미디어 플랫폼의 개인화된 콘텐츠 추천은 사용자들이 보다 유용한 정보를 받고 콘텐츠에 더 많은 관심을 가질 수 있도록 도와줄 것으로 예상됩니다.

이러한 근거와 예시들은 인공지능이 다양한 분야에서 혁신적인 변화를 가져올 수 있다는 것을 더욱 논리적으로 뒷받침합니다. 인공지능의 발전은 우리의 삶을 혁신하고 더 나은 미래를 구축하는 데 중요한 역할을 할 것으로 기대됩니다.

해당 분야를 잘 알지 못해도 챗GPT와 함께하면 그 분야의 전문가가 된 것처럼 명확하고 논리적인 글을 완성할 수 있습니다. 이 과정을 끝으로 글쓰기를 마무리해도 되지만, 챗GPT의 답변에 사실 오류가 있는지 확인하는 과정과 내 생각이나 경험을 추가해서 마무리 작업을 해야 합니다.

사실 검증하기

오류가 있는지 여부는 직접 읽어 보고 확인해도 되지만, 문장이 길면 요약한 뒤에 검증하는
것이 편합니다. 이번 글은 예시가 많으므로 사실 여부를 확인하기 위해서 챗GPT에게 "위 글
에 사용한 예시를 정리해 줘."라고 해봅시다. 그러면 챗GPT는 예시로 들어간 부분만 간단하
게 정리해 줍니다.

◑ **이렇게 써보세요!**
<작성한 글>에 있는 예시를 정리해 줘.

> 위 글에 사용한 예시를 정리해 줘.

챗GPT

위 글에 사용된 예시들을 정리하면 다음과 같습니다:

자율 주행 차량: 테슬라의 오토파일럿 시스템을 예시로 들어 자율 주행 기술이 운송 비용 절감과
안전성 향상에 기여한다.

의료 분야의 인공지능: IBM의 왓슨을 예시로 들어 의료 영상 분석, 질병 진단 및 개인 맞춤형 치
료에 인공지능이 사용되는 사례를 제시한다.

교육 분야의 인공지능: Coursera나 edX와 같은 온라인 교육 플랫폼이 사용자의 학습 데이터를
기반으로 강의를 추천하고 개인화된 학습 경험을 제공하는 사례를 소개한다.

소셜 미디어 분야의 인공지능: 페이스북이나 인스타그램과 같은 플랫폼이 사용자의 취향과 행동
을 분석하여 맞춤형 콘텐츠를 제공하는 사례를 제시한다.

이제 실제로 해당 서비스가 있는지, 설명이 틀리지 않았는지 간단하게 웹 검색으로 확인하면
됩니다. 사실 오류가 없음을 확인했고, 챗GPT가 적어 준 글의 일부 문장을 다듬고, 자신의
생각이나 경험을 추가해 보겠습니다.

최종 결과물

인공지능의 미래 — 프롬프트 관련 문장을 제거한 후,
다음 문단을 자연스럽게 연결했습니다.

개인 경험을 서론에 추가했습니다.

내 취향을 이미 꿰뚫어 본 동영상 알고리즘, 요즘 내가 사고 싶어 하는 걸 어떻게 알았는지 귀신같이 알림을
보내는 온라인 쇼핑 추천 목록 등등 이미 우리의 일상 생활에 인공지능 기능이 깊숙이 자리 잡고 있으며, 때
로는 그 존재조차 잊을 정도로 자연스럽게 녹아들고 있습니다.

지금도 인공지능은 현재 우리 사회에 놀라운 혁신과 변화를 가져오고 있으며, 미래에도 더욱 깊이 통합되고 발전할 것으로 예측됩니다. 그렇다면, 인공지능의 미래는 어떨까요?

첫째, 산업과 비즈니스 분야에서의 인공지능의 중요성은 이미 현실화되고 있습니다. 자율 주행 차량은 대표적인 예시 중 하나입니다. 기업들은 자율 주행 기술을 통해 운송 비용을 절감하고 안전성을 향상시키는 데 큰 관심을 기울이고 있습니다. 예를 들어, 테슬라의 오토파일럿 시스템은 이미 운전자의 개입 없이 긴 거리를 주행할 수 있는 기술을 제공하고 있습니다. 이러한 기술의 발전은 미래에는 보다 복잡한 공정에서 인공지능이 인간을 보조하거나 대체할 수 있을 것을 시사합니다.

둘째, 의료 분야에서의 인공지능의 혁신적인 적용 사례가 많습니다. IBM의 왓슨은 의료 영상 분석, 질병 진단 및 개인 맞춤형 치료에 사용되는데, 이를 통해 의료 서비스의 질과 효율성이 향상되고 있습니다. 또한, 의료 기기 제조사들은 생체 신호를 분석하여 질병을 조기에 감지하고 예방하는데 인공지능을 적극적으로 활용하고 있습니다. 이러한 의료 분야의 혁신은 미래에는 질병 조기 발견과 효과적인 치료를 가능케 하여 건강한 삶의 질을 향상시킬 것으로 기대됩니다.

셋째, 교육 분야에서의 인공지능의 적용은 개별 학습 경험을 개선하고 있습니다. 예를 들어, 학습자의 학습 패턴과 성취 수준을 분석하여 최적의 학습 경로를 제시하는 AI 플랫폼들이 개발되고 있습니다. 또한, 온라인 교육 플랫폼인 Coursera나 edX 같은 기업들은 사용자의 학습 데이터를 기반으로 강의를 추천하고 개인화된 학습 경험을 제공하는데 인공지능을 활용하고 있습니다. 이러한 개인화 효율적으로 지식을 습득하고 더 나은 학습 결과를 얻을 수 있도록 도와줄 것으

> 최신 국내 예시를 추가해서 현실성과 최신성을 강조했습니다.

국내에서는 당장 내년인 2025년부터 몇 가지 과목은 종이 교과서가 아닌 AI 기술을 적용한 디지털 교과서가 도입된다는 사실 아셨나요? 이러한 디지털 교과서는 태블릿 등의 전자기기를 활용한 수업 방식 뿐만 아니라, 교사와 학생들의 학습 활용 방법에도 혁신을 가져올 것입니다. 교과서 내 메타버스, 음성인식, 필기인식 등의 다양한 기술을 포함하여 학생들의 학습 데이터를 수집하고 분석함으로써 교사들이 수업을 더 효과적으로 진행할 수 있도록 지원해주는 변화가 있습니다. 학생들 입장에서는 코딩과 같은 실습을 직접 체험할 수 있게 된다는 장점이 있습니다. 물론 안정적인 도입까지 여러 도전과제가 있겠지만, 학생들에게 더욱 개인화된 학습 방법을 제공하는 데 중요한 역할을 할 것으로 기대해봅니다.

넷째, 소셜 미디어 분야에서의 인공지능의 적용은 사용자 경험을 향상시키고 있습니다. 페이스북이나 인스타그램과 같은 플랫폼은 사용자의 취향과 행동을 분석하여 맞춤형 콘텐츠를 제공하고 있습니다. 또한, 감정 분석 기술을 활용하여 사용자의 감정에 따라 광고나 콘텐츠를 개인화하는데 인공지능이 활용되고 있습니다. 이러한 소셜 미디어 플랫폼의 개인화된 콘텐츠 추천은 사용자들이 보다 유용한 정보를 받고 콘텐츠에 더 많은 관심을 가질 수 있도록 도와줄 것으로 예상됩니다.

이러한 근거와 예시들은 인공지능이 다양한 분야에서 혁신적인 변화를 가져올 수 있다는 것을 더욱 논리적으로 뒷받침합니다. 인공지능의 발전은 우리의 삶을 혁신하고 더 나은 미래를 구축하는데 중요한 역할을 할 것으로 기대됩니다.

이렇게 생성형 AI를 활용한다면, IT 분야 전문가가 아니더라도 전문가 느낌으로 글쓰기를 할 수 있습니다. 추가로 도표와 그래프를 활용하여 복잡한 정보나 데이터를 시각적으로 표현하면 독자가 쉽게 이해할 수 있고 글의 전문성도 높일 수 있습니다.

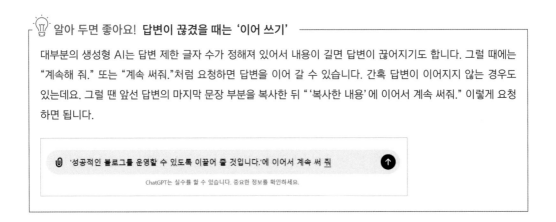

비교 분석하는 글쓰기

비교 분석하는 블로그 포스트를 작성할 때는 여러 가지 요소를 고려해야 합니다. 먼저 비교 분석할 대상을 기술적으로 정확하게 파악하고, 이를 독자가 이해하기 쉬운 언어로 전달해야 합니다. IT 제품이라면 상세 페이지나 매뉴얼 등을 먼저 숙지하고, 글을 어떤 구조로 쓸지 또는 어떤 포인트를 강조할지를 기획합니다. 비교 분석하는 글쓰기의 흐름은 크게 다음 4단계로 진행합니다.

1단계 개요 작성하기

생성형 AI를 활용한다면, 이런 기획 단계의 일을 대신 해주기도 합니다. 다음은 아이폰 11과 아이폰 12를 비교 분석하는 글을 작성하려고 다음과 같이 프롬프트를 입력해 보았습니다.

<주제>를 작성하려고 해.
글을 어떤 구조로 쓰면 좋을지 개요를 작성해 줘

아이폰 11과 아이폰 12의 성능을 비교 분석하는 블로그 포스트를 작성하려고 해.
글을 어떤 구조로 쓰면 좋을지 개요를 작성해 줘.

챗GPT   제목: 아이폰 11 vs 아이폰 12: 성능 비교

제목: 아이폰 11 vs 아이폰 12: 성능 비교

소개
아이폰 11과 아이폰 12는 애플이 연이은 세대를 발표한 스마트폰이다. 두 모델의 성능을 비교하여 어떤 면에서 차이가 있는지 알아보자.

디자인
각 모델의 디자인 특징과 차이점에 대해 설명한다.

디스플레이
화면 크기, 해상도, 픽셀 밀도 등을 비교하고 화면 품질에 대한 차이를 분석한다.

카메라
전면 및 후면 카메라의 사양과 기능을 비교하여 사진 및 동영상 촬영의 품질 차이를 살펴본다.

(… 생략 …)

결론
아이폰 11과 아이폰 12의 장단점을 종합하여 각 모델의 선택 시 고려해야 할 요소를 제시한다.

챗GPT가 답변한 대로 제품의 디자인, 디스플레이, 카메라, 성능 등을 다양하게 평가하고, 두 제품의 장단점을 명확히 비교하는 것이 중요합니다. 또한 실제 사용자의 리뷰와 평가를 참고하여 객관적인 시각을 제공하는 것도 좋습니다.

비교 분석 항목은 어떤 제품이냐에 따라 달라질 수 있는데, IT 제품 가운데 노트북을 예로 들면 프로세서의 종류, 메모리 용량, 그래픽 성능, 배터리 수명, 화면 크기와 해상도 등을 고려할 수 있습니다. 휴대폰을 비교할 때는 디자인, 디스플레이, 카메라, 성능, 저장 공간, 운영체제, 내구성 등을 항목으로 선정할 수 있습니다.

챗GPT가 짜준 개요대로 이제 비교 분석하는 글을 전문가 톤으로 작성해 달라고 요청해 보았습니다.

❤ 이렇게 써보세요!
<주제>를 전문가 톤으로 작성해 줘.
<글의 개요 관련 자료>를 포함해 줘

> 아이폰 11과 아이폰 12를 비교 분석하는 글을 전문가 톤으로 작성해 줘.
> 비교 분석할 때 다음 항목을 포함해 줘.
>
> 1. 디자인 / 2. 디스플레이 / 3. 카메라 / 4. 성능 / 5. 배터리 수명 / 6. 추가 기능

 챗GPT

아이폰 11 vs 아이폰 12: 성능 대결

1. 디자인
아이폰 11과 아이폰 12는 디자인에서 약간의 차이를 보입니다. 아이폰 11은 라운드된 코너와 알루미늄 프레임을 특징으로 하며, 후면 패널은 유리로 제작되었습니다. 반면 아이폰 12는 더욱 날렵한 외관을 갖추고 있으며, 각인식된 각모서리와 프레임은 스테인레스 스틸로 제작되었습니다. 또한, 아이폰 12는 플랫한 디자인이 돋보이는데, 이는 과거 아이폰 5에서 인기를 끌었던 디자인 요소를 되살렸습니다.

2. 디스플레이
아이폰 11과 아이폰 12의 디스플레이는 주목할 만한 차이를 보입니다. 아이폰 11은 6.1인치 LCD Liquid Retina 디스플레이를 탑재하고 있으며, 아이폰 12는 6.1인치 Super Retina XDR OLED 디스플레이를 사용합니다. 이러한 업그레이드로 인해 아이폰 12는 더욱 선명하고 생생한 이미지를 제공하며, HDR 콘텐츠를 더욱 뛰어난 품질로 표현합니다.

(... 생략 ...)

6. 추가 기능
아이폰 12는 5G 네트워크 지원을 포함하여 추가 기능 면에서도 아이폰 11을 능가합니다. 이는 빠른 다운로드 및 스트리밍 속도를 제공하며, 미래에는 더욱 중요한 역할을 할 것으로 예상됩니다. 또한, 아이폰 12는 MagSafe 기술을 도입하여 더 빠르고 편리한 무선 충전 및 액세서리 연결을 가능하게 합니다.

이러한 비교를 통해, 아이폰 11과 아이폰 12는 각각의 장단점을 가지고 있으며, 개인의 용도와 선호에 따라 선택해야 할 것입니다.

블로그 포스트의 구성은 독자의 관심을 끌고 정보를 명확하게 전달하는 데 중점을 두어야 합니다. 스펙 정보가 사실과 다르면 안 되므로 답변이 실제와 맞는지 먼저 체크해야 합니다.

3단계 **서론 및 도표 추가하기**

글의 서론에서는 비교 분석의 목적과 중요성을 설명하고, 본문은 앞에서 챗GPT가 써준 두 제품의 비교 내용을 자세히 제공하면 됩니다.

⊙ **이렇게 써보세요!**

위 글의 서론을 작성해 줘.

> 위 글의 서론을 작성해 줘. 이 포스트가 독자들에게 왜 중요한지, 그리고 이 포스트를 통해 어떤 정보를 얻을 수 있는지 명확하게 알려 줄 수 있는 서론이었으면 해.

챗GPT 스마트폰 시장에서 애플은 항상 주목받는 브랜드 중 하나로, 매년 새로운 모델을 선보이며 기술 혁신과 디자인 업데이트를 이끌어냅니다. 특히, 아이폰 11과 아이폰 12는 애플의 최신 기술과 디자인을 반영하는 두 가지 주요 제품입니다. 이 두 모델 간의 성능과 기능적 차이를 비교하고 분석함으로써, 독자들은 자신에게 가장 적합한 스마트폰을 선택하는 데 도움을 얻을 수 있습니다.

사진, 도표 등 시각 자료를 사용하여 글을 보강하는 것도 효과적입니다. 이러한 자료는 독자가 두 제품을 더 쉽게 이해하고 비교할 수 있도록 도와줍니다. 이 역시 챗GPT에게 요청하면 빠르게 정리해 줍니다.

⊙ **이렇게 써보세요!**

<글의 개요 관련 자료>를 표로 정리해 줘.

> 앞서 정리한 아이폰 11과 아이폰 12의 스펙을 각 항목에 맞춰 표로 정리해 줘.

챗GPT

항목	아이폰 11	아이폰 12
디자인	라운드 코너, 알루미늄 프레임	플랫한 디자인, 스테인레스 스틸 프레임
디스플레이	6.1인치 LCD Liquid Retina	6.1인치 Super Retina XDR OLED
카메라	후면: 12MP 메인 + 12MP 초광각	후면: 12MP 메인 + 12MP 초광각
성능	Apple A13 Bionic 칩	Apple A14 Bionic 칩
배터리 수명	일반 사용 시 1일	일반 사용 시 1일
추가 기능	-	5G 네트워크, MagSafe 기술

4단계 문장 다듬고 내 의견 추가하기

검색 엔진 최적화(SEO)를 고려하여 키워드를 적절히 사용하고, 제목과 소제목으로 내용을 구조화하는 것이 중요합니다. 챗GPT가 작성한 블로그 글에 나의 경험과 주장 등을 넣어 내 스타일을 조금 추가해 보겠습니다.

최종 결과물

> 키워드를 고려한 제목으로 수정했습니다.

제목: 아이폰 11 vs 12 가격 및 차이점 비교 (디자인, 디스플레이, 카메라, 성능, 배터리 등)

스마트폰 시장에서 애플은 항상 주목받는 브랜드 중 하나로, 매년 새로운 모델을 선보이며 기술 혁신과 디자인 업데이트를 이끌어냅니다. 특히, 아이폰 11과 아이폰 12는 애플의 최신 기술과 디자인을 반영하는 두 가지 주요 제품입니다. 이 두 모델 간의 성능과 기능적 차이를 비교하고 분석함으로써, 독자들은 자신에게 가장 적합한 스마트폰을 선택하는 데 도움을 얻을 수 있습니다.

본 포스트에서는 아이폰 11과 아이폰 12를 주요 카테고리에 걸쳐 비교하고 분석해보았습니다. 구매 결정을 내리는 데 꼭 필요한 정보만 정리했으니, 살펴보시고 선택해 보시기 바랍니다.

(... 생략 ...)

> 친근한 말투로 변경했습니다

> 내용을 구체적으로 추가했습니다.

4. 성능

아이폰 11과 아이폰 12는 모두 Apple의 A시리즈 칩을 사용하고 있습니다. 구체적으로 살펴보자면 아이폰11에는 A13 Bionic 칩이 탑재되었으며, 아이폰 12에는 업그레이드 된 A14 Bionic 칩을 탑재하여 성능 측면에서 이점을 가집니다. A14 칩은 이전 모델에 비해 CPU와 GPU 성능이 향상되었으며, 더 빠른 인공지능 처리를 지원합니다. 따라서, 아이폰 12는 더 빠르고 부드러운 사용자 경험을 제공합니다.

5. 배터리 수명

아이폰 11과 아이폰 12는 배터리 수명에서 큰 차이를 보이지 않습니다. 두 모델 모두 일반적인 사용에서 하루를 잘 버틸 수 있는 용량을 갖추고 있습니다. 그러나 아이폰 12는 더욱 효율적인 A14 칩을 사용하기 때문에 약간의 배터리 수명 향상이 있을 수 있습니다.

6. 추가 기능

아이폰 12는 5G 네트워크 지원을 포함하여 추가 기능 면에서도 아이폰 11을 능가합니다. 이는 빠른 다운로드 및 스트리밍 속도를 제공하며, 미래에는 더욱 중요한 역할을 할 것으로 예상됩니다. 또한, 아이폰 12는 MagSafe 기술을 도입하여 더 빠르고 편리한 무선 충전 및 액세서리 연결을 가능하게 합니다.

> 독자가 궁금해할 만한 내용을 추가했습니다.

7. 가격

가격은 스토리지 옵션에 따라 다릅니다. 한국 애플 스토어의 공식 가격에 따르면, 다음과 같습니다.

아이폰 11
64GB: 850,000

128GB: 920,000

256GB: 1,060,000

아이폰 12

64GB: 1,090,000

128GB: 1,160,000

256GB: 1,300,000

애플 스토어 출고가 기준으로 보면, 아이폰11 가격보다 12가 용량별로 약 24만 원씩 더 비싼 것을 알 수 있습니다. 여기에 카드사 할인 등이 추가로 주어진다면, 더 할인된 가격으로 구매가 가능합니다. 특히 전작인 아이폰 11은 재고 소진 목적으로 더 많은 할인 혜택이 제공되어, 가격 우위가 있습니다.

8. 스펙 총정리 및 마무리

항목	아이폰 11	아이폰 12
디자인	라운드 코너, 알루미늄 프레임	플랫한 디자인, 스테인레스 스틸 프레임
디스플레이	6.1인치 LCD Liquid Retina	6.1인치 Super Retina XDR OLED
카메라	후면: 12MP 메인 + 12MP 초광각	후면: 12MP 메인 + 12MP 초광각
성능	Apple A13 Bionic 칩	Apple A14 Bionic 칩
배터리 수명	일반 사용 시 1일	일반 사용 시 1일
추가 기능	-	5G 네트워크, MagSafe 기술

> 독자들끼리 상호 작용을 하도록 장려했습니다.

지금까지 여러 항목 별 비교를 통해, 아이폰 11과 아이폰 12의 특성에 대해 살펴보았습니다. 최종 선택은 개인의 용도와 선호에 따라 선택해야 할 것입니다. 여러분들은 어떤 아이폰이 더 좋나요? 가격이 중요하다면 전작인 아이폰 11을, 최신 기술과 더 나은 디스플레이를 원한다면 아이폰 12를 선택하는 것이 좋겠습니다. 어떤 폰으로 구매할지 선택했다면, 댓글로도 알려주세요.

결론 부분에서는 독자들끼리 상호 작용을 하도록 장려하기 위해 질문을 던지거나 의견을 요청하는 등의 방법을 사용할 수 있습니다. 이 방법은 독자의 참여를 유도하고 블로그 포스트의 피드백을 받는 데 도움이 됩니다.

마지막으로, 글을 작성한 후에는 꼼꼼한 교정과 편집 과정을 거쳐 오류를 최소화하고 글의 완성도를 높이는 것이 중요합니다. 여러분도 이러한 접근 방법으로 IT 제품을 비교 분석하는 블로그 포스트를 작성해 보세요.

전문적인 내용을 쉽게 풀어 쓰는 글쓰기 — GPT 플러스

논문이나 정책, 법령 등 내용이 길거나 기반 지식이 있어야 파악할 수 있는 문서의 내용을 요약하고, 독자가 이해하기 쉽게 핵심 내용을 정리하는 블로그 글쓰기 기법도 있습니다. 하지만 챗GPT 무료 버전은 문서 또는 이미지 업로드 기능을 지원하지 않습니다.

무료 버전에서는 문서의 내용을 복사해서 프롬프트 창에 붙여 넣고 요약하는 기능만 사용할 수 있어요. 이럴 때 유료 버전인 GPT 플러스를 이용하면 좋습니다. GPT 플러스에서는 PDF, PPT, DOCX 등의 문서를 다수 업로드하고 요약하는 등의 기능을 이용할 수 있기 때문입니다.

플랜 업그레이드 화면

이렇게 글쓰기를 하려면 먼저 원본 문서를 철저히 이해하는 것이 중요합니다. 문서의 주요 아이디어 또는 주장을 파악하고 중요한 데이터나 사실을 식별하는 과정이 필요합니다. 이 작업을 생성형 AI에게 맡기면 잘 처리해 줍니다.

전문적인 내용을 쉽게 풀어 쓰는 글쓰기의 흐름은 다음 3단계로 진행합니다.

자료 요약 및 본문 작성하기

다음은 통계청에서 제공한 '국민 삶의 질 2023' 문서의 일부분입니다. 이를 챗GPT에게 이해하기 쉽도록 풀어서 적어 달라고 해보았습니다.

예를 들어 프롬프트 창에 "중학생/고등학생 수준으로" 또는 "중학생/초보자도 이해하기 쉽게", "전문 용어를 쉽게 풀어서"처럼 요청할 수 있습니다.

◎ **이렇게 써보세요!**

<자료>의 내용을 <타깃>도 이해하기 쉽게 풀어서 요약해 줘.

(또는) <자료>를 중학생/고등학생 수준으로 정리해 줘.

(또는) <자료>의 전문 용어를 쉽게 풀어서 요약해 줘.

해당 문서의 12 ~15장 내용을 초보자도 이해하기 쉽게 풀어서 요약해 줘. 다음 항목에 관한 통계 내용을 포함해 줘. 전년 대비하여 증가폭, 감소폭이 어느 정도였는지 정리해 줘. 그리고 이러한 증가폭, 감소폭이 무엇을 의미하는지도 추가해 줘.

— 독거노인비율
— 가족관계만족도
— 지역사회소속감
— 사회단체참여율
— 사회적고립도

챗GPT

이 문서의 12~15장에 해당하는 "가족·공동체" 영역의 주요 통계 내용과 그 의미를 쉽게 풀어서 요약하면 다음과 같습니다:

독거노인 비율
2023년 독거노인 비율: 21.1%, 전년 대비 0.2%p 증가

의미: 한국 사회에서 저출산과 고령화 현상이 진행됨에 따라, 노인 인구 중 혼자 생활하는 비율이 점차 증가하고 있습니다. 이는 사회적 지원과 정책의 필요성을 강조합니다

가족관계 만족도
2022년 만족도: 64.5%, 2020년 대비 5.7%p 증가

의미: 코로나19로 인해 가정에서 보내는 시간이 많아진 결과, 가족 간의 관계가 개선되는 경향을 보였습니다. 이는 가족 간의 유대감이 삶의 질에 중요한 역할을 한다는 것을 시사합니다.

(... 생략 ...)

이 요약을 통해, 코로나19 이후 사회적 관계와 커뮤니티 참여의 중요성이 더욱 부각되고, 개인과 사회의 삶의 질 향상을 위한 정책적 노력의 필요성을 확인할 수 있습니다. 가족과 지역사회의 관계 개선은 삶의 질을 높이는 중요한 요소로, 이를 통해 개인의 웰빙과 사회적 연대감이 강화되는 긍정적인 변화를 기대할 수 있습니다.

도표 추가하기

통계 데이터는 이해도가 떨어지고 전체적으로 전문가 느낌이 부족해 보여서 "2023년 독거노인 비율이 증가한 것을 시각적으로 이해하기 쉽게 그래프로 만들어 줘."라고 구체적으로 요청해 보았습니다.

◆ **이렇게 써보세요!**

<글에 쓰인 자료>를 시각적으로 이해하기 쉽게 그래프로 만들어 줘.

> 2023년 독거노인 비율이 증가한 것을 시각적으로 이해하기 쉽게 그래프로 만들어 줘.

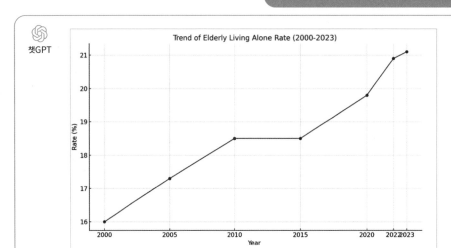

여기 2000년부터 2023년까지의 독거노인 비율 변화 추세를 보여주는 그래프입니다. 그래프에서 볼 수 있듯이, 이 비율은 연도별로 점진적으로 증가하고 있으며, 2023년에는 21.1%로 눈에 띄게 상승했습니다. 이 시각적 표현은 독거하는 노인 인구가 점차 증가하고 있음을 강조하며, 이에 대한 사회적 지원과 정책의 필요성을 부각시킵니다. 그래프를 다운로드하고 보려면 다음 링크를 사용하세요:

사실 검증하기

마지막으로 사실을 확인하고 꼼꼼히 검토하여 오류가 없는지 확인하고 수정을 거쳐 최종본을 완성합니다.

제목과 서론을 추가하고, 프롬프트 내용을 제거했습니다.

2023통계 국민 삶의 질 가족 공동체 요약

통계청에서 제공하는 '국민 삶의 질' 문서는 국민의 삶을 질적인 측면에서 전반적으로 진단할 수 있는 중요한 자료입니다. 그 중에서도 12~15장에 해당하는 "가족·공동체" 영역의 주요 통계 내용과 그 의미를 쉽게 풀어보았습니다.

소제목 스타일 변경

1. 독거노인 비율 : 2023년 독거노인 비율 21.1%, 전년 대비 0.2%p 증가

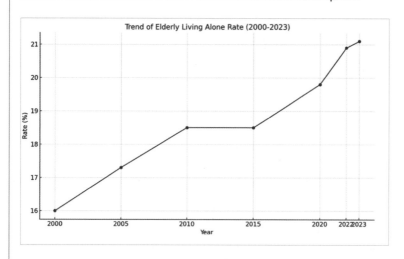

한국 사회에서 저출산과 고령화 현상이 진행됨에 따라, 노인 인구 중 혼자 생활하는 비율이 점차 증가하고 있습니다. 이는 사회적 지원과 정책의 필요성을 강조합니다.

여기 2000년부터 2023년까지의 독거노인 비율 변화 추세를 보여주는 그래프입니다. 그래프에서 볼 수 있듯이, 이 비율은 연도별로 점진적으로 증가하고 있으며, 2023년에는 21.1%로 눈에 띄게 상승했습니다. 독거하는 노인 인구가 점차 증가하고 있음을 강조하며, 이에 대한 사회적 지원과 정책의 필요성을 부각시킵니다.

프롬프트 내용을 제거했습니다.

2. 가족관계 만족도 : 2022년 만족도 64.5%, 2020년 대비 5.7%p 증가

코로나19로 인해 가정에서 보내는 시간이 많아진 결과, 가족 간의 관계가 개선되는 경향을 보였습니다. 이는 가족 간의 유대감이 삶의 질에 중요한 역할을 한다는 것을 시사합니다.

3. 지역사회 소속감: 2022년 소속감 75.1%, 증가 추세

사람들이 자신이 살고 있는 지역사회에 대해 높은 소속감을 느끼고 있다는 것은 지역 커뮤니티의 활성화와 긍정적인 사회적 관계의 중요성을 나타냅니다.

4. 사회단체 참여율: 2022년 참여율 50.9%, 증가 추세

사회단체에 대한 참여율이 증가하는 것은 사회적 연결망의 강화와 시민 참여의 증가를 의미합니다. 이는 삶의 질 개선에 긍정적인 영향을 미칩니다.

5. 사회적 고립도: 2023년 고립도 33.0%, 소폭 개선

코로나19 기간 동안 사회적 고립감이 증가했으나, 최근 소폭 개선되었습니다. 이는 사회적 관계의 회복이 진행되고 있음을 시사하지만, 여전히 고립된 사람들에 대한 관심과 지원이 필요함을 나타냅니다.

해당 자료를 통해, 코로나19 이후 사회적 관계와 커뮤니티 참여의 중요성이 더욱 부각되고, 개인과 사회의 삶의 질 향상을 위한 정책적 노력의 필요성을 확인할 수 있습니다. 가족과 지역사회의 관계 개선은 삶의 질을 높이는 중요한 요소로, 이를 통해 개인의 웰빙과 사회적 연대감이 강화되는 긍정적인 변화를 기대할 수 있습니다.

앞으로도 지속적인 연구와 정책 개발을 통해 이러한 긍정적인 추세를 더욱 강화하고, 사회적 고립과 같은 문제에 대응할 수 있는 방안을 모색해야 할 것입니다

> 개인 의견을 추가했습니다.

이처럼 어려운 내용도 생성형 AI의 도움을 받으면 모두가 쉽게 이해하는 전문가 스타일 글쓰기를 효과적으로 할 수 있습니다.

💡 알아 두면 좋아요! **노출 하면 안되는 정보는 '임시 채팅'으로!**

챗GPT가 답변을 똑똑하게 잘 해주다 보니 회사 기밀 문서를 통째로 업로드하거나 개인 정보를 입력하는 경우도 있는데요. 이는 아주 위험한 행동입니다. 생성형 AI는 대부분 사용자와 나눈 대화를 학습 데이터로 활용하므로 내가 무심코 입력한 개인 정보가 제3자에게 노출되어 악용될 가능성도 배제할 수 없습니다. 사용자는 언제나 개인 정보나 기밀 정보 등을 입력하지 않도록 주의해야 합니다.

챗GPT는 임시 채팅 설정을 지원합니다. 임시 채팅을 쓰고 싶다면 챗GPT 웹 사이트의 메인 화면 왼쪽 상단에서 ❶ 챗GPT 엔진 화살표 버튼 ⌄을 클릭해 펼쳐서 ❷ [임시 채팅]의 토글을 클릭해 활성화하면 됩니다.

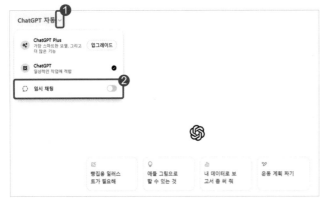

챗GPT의 임시 채팅 설정 화면

일상, 맛집 소개에 어울리는 캐주얼 스타일 글쓰기 기법

03-2

#캐주얼 #여행정보 #맛집 #관광 #친밀감 #스토리텔링

캐주얼 스타일 글쓰기는 독자에게 친밀감 있게 정보를 제공하는 기법입니다. 캐주얼한 글을 작성할 때는 쉽게 읽히면서도 독자에게 유용한 정보를 제공하는 것이 중요합니다. 예를 들어 주제가 여행 정보라면 목적지의 기본 정보인 위치와 운영 시간을 비롯해 교통편 안내나 주변 명소 등을 포함할 수 있습니다. 맛집이 주제라면 위치, 브레이크 타임, 대표 메뉴, 영업 시간, 예약 방법 등을 알려 주면 좋습니다. 여기에서는 스토리텔링을 강조한 글쓰기, 감정을 표현하고 묘사하는 글쓰기, 딱딱한 내용을 캐주얼하게 글쓰기 기법을 소개합니다.

여행 정보를 소개할 땐 스토리텔링을 강조한 글쓰기

캐주얼한 글쓰기 중에서도 스토리텔링을 강조한 여행기를 작성해 보았습니다. 다음과 같이 챗GPT에게 요청해 보세요. 스토리텔링을 강조한 글에서는 독자가 직접 경험해 보지 않은 일도 챗GPT가 생생하게 전달해 주어 독자의 관심을 이끌어 낼 수 있습니다.

❤ **이렇게 써보세요!**

<주제>로 <스토리텔링을 강조>해서 글을 작성해 줘.

(또는) <작성한 글>에서 <생동감을 느낄 수 있도록> 추가해 줘.

> 광화문 여행기를 쓰면서 광화문과 관련된 여행 정보를 소개하고 싶어. 스토리텔링 요소가 포함되었으면 좋겠고, 전체적으로 친근한 말투로 작성해 줘. 본문 내용에는 위치, 역사, 관람 시간, 입장료, 주요 행사, 교통, 주변 명소, 팁이나 주의 사항을 포함해 줘.

챗GPT

한국의 역사와 문화를 살피는 가장 아름다운 장소 중 하나인 광화문! 오늘은 그 아름다운 곳을 여행하는 우리의 이야기를 함께해보도록 할게.

광화문: 역사와 아름다운 전망을 담은 곳

여기는 한국의 역사와 현대를 아우르는 곳으로, 광화문은 한반도의 정중앙에 위치하고 있어요. 한국의 국회, 대통령청, 그리고 주요 정부기관들이 모여 있는 이곳은 역사적인 사건들의 배경이 되기도 했죠.

> (... 생략 ...)
>
> **교통과 주변 명소**
> 광화문은 서울의 중심부에 위치해 있어 교통이 편리해요. 지하철, 버스, 택시 등 다양한 교통수단을 이용할 수 있으며, 주변에는 경복궁, 청계천, 남산 등 다양한 관광명소들이 있어요. 광화문을 방문한다면 이웃한 명소들도 함께 즐겨보는 것을 추천해요!
>
> **팁과 주의사항**
> 광화문을 방문할 때는 편한 신발과 이동용 충전기를 준비하는 것이 좋아요. 특히 여름에는 물병과 선풍기를 가져가서 더위를 식히는 것이 좋습니다. 또한, 광화문 광장 주변은 매우 넓기 때문에 시간을 충분히 확보하고 휴식을 취하는 것이 중요합니다.
>
> 광화문은 한국의 역사와 현대가 공존하는 아름다운 장소입니다. 역사적인 분위기와 함께 자연스럽게 녹아든 현대적인 모습을 함께 즐겨보세요. 나만의 광화문 이야기를 만들어 가는 것도 좋겠죠?

여행을 주제로 한 글에 스토리텔링을 적용할 때는 단순히 사실을 나열하는 것보다 그 사실들이 어떻게 연결되어 의미 있는 이야기를 구성하는지를 보여 줘야 합니다. 예를 들어 방문한 명소의 역사적 배경이나 그곳에서 체험한 내용을 독자에게 정보로 제공하는 것입니다. 이렇게 하면 여행 정보 글이 단순한 가이드에서 벗어나 독자에게 영감을 주는 이야기로 거듭날 수 있습니다.

독자와 공감대를 형성하기 위해서 2002년 월드컵 당시 광화문 광장을 가득 채운 붉은 악마 이야기를 추가해 달라고 요청해 보았습니다.

> 2002년 월드컵 당시 대한민국 국가대표 축구 응원단인 붉은 악마의 응원 이야기를 넣어 줘. 당시 글쓴이도 축구를 응원하러 다녀왔던 추억이 있었다는 것을 스토리텔링 요소로 흥미롭게 추가해 줬으면 해.

> 2002년, 대한민국은 열정적인 축구 열기로 가득 찼습니다. 그 해 월드컵에서 대한민국은 역사적인 순위를 차지하며 전 세계를 놀라게 했어요. 이 열기의 중심에는 붉은 악마, 대한민국 축구 국가대표팀의 응원단이 있었습니다.
>
> 그 해, 나 또한 붉은 악마의 열기를 따라 월드컵을 응원하기 위해 광화문을 찾았어요. 거리에는 붉은 악마의 유니폼을 입은 이들이 가득했고, 응원가가 흘러나오는 소리가 거리를 가득 메우더군요. 광화문 광장에는 수많은 이들이 모여, 하나가 된 마음으로 축구를 응원했습니다.
>
> 저도 그 때 붉은 악마의 일원으로서 열정적으로 응원을 했죠. 광화문 광장은 열기로 가득 찼고, 한국의 승리로 축구열풍은 광장을 더욱 뜨겁게 만들었습니다. 그 순간, 모든 이들은 하나가 되어 역사적인 순간을 함께했죠.

그리고 그 열기와 함께 대한민국은 월드컵 역사에 길이 남는 성과를 이루었습니다. 이제 광화문을 거닐 때마다, 그날의 열기와 함성이 아직도 귓가를 맴돌고, 그 열정이 공간을 가득 채우는 것 같아요. 붉은 악마의 열기와 광화문의 아름다움이 어우러진 그 순간은 절대 잊지 못할 소중한 추억으로 남아 있습니다.

이번에는 여행지로서 광화문 정보가 부족하다 싶어 방문 예정인 사람들이 궁금해할 만한 광화문 주차 정보와 주변에 함께 가볼 만한 곳을 추가해 달라고 해보겠습니다.

광화문 주차장 정보와 주변에 함께 가볼 만한 곳을 추가해 줘.

챗GPT

주차장 정보
광화문 광장 주변에는 다수의 유료 주차장이 있습니다. 일반적으로 광화문 광장 자체에는 주차장이 마련되어 있지 않으므로 이용할 수 있는 주차장을 이용하는 것이 좋습니다. 가까운 지하철 역이나 대중교통을 이용하는 것도 좋은 대안이 될 수 있어요.

(... 생략 ...)

함께 가 볼 만한 곳
경복궁: 광화문에서 걸어서 약 10분 거리에 있는 경복궁은 한국의 역사와 전통을 엿볼 수 있는 아름다운 궁전입니다. 전통적인 건물과 아름다운 정원을 즐길 수 있어요.

청계천: 광화문에서 차로 약 10분 거리에 있는 청계천은 서울의 중심을 가로지르는 아름다운 시내 강이에요. 산책로와 다채로운 문화공간이 있어 시간을 보내기에 좋습니다.

남산타워: 차로 약 15분 거리에 있는 남산타워는 서울의 랜드마크이자 전망대입니다. 서울의 아름다운 야경을 감상하고 타워 주변의 문화시설을 즐기실 수 있어요.

이렇게 광화문 광장 주변에는 다양한 관광명소가 있으니, 광화문을 방문하신 후에도 함께 즐기실 수 있을 거예요. 또한, 주차장 이용 시 주변 교통 상황을 고려하여 출발 시간을 조정하는 것이 좋습니다.

다음은 챗GPT가 스토리텔링 형식으로 작성한 글을 편집하여 완성한 결과물입니다. 사실과 다른 부분이 있어서 수정했습니다. 또한 개인의 경험을 서론 부분으로 옮겨 글의 구성을 변경했으며, 몇몇 문장과 표현을 좀 더 친밀하게 바꾸어 보았습니다. 이렇게 수정하면 독자들에게 더욱 친근하고 흥미로운 느낌을 줄 수 있습니다.

> 검색 엔진 최적화(SEO) 관점에서 제목을 추가하고, 전체 순서를 변경했으며, 친밀한 느낌으로 수정했습니다.

광화문의 역사와 입장료, 주차장 및 함께 가볼 만한 곳 추천

정말 오랜만에 광화문에 방문했어요. 저는 광화문을 거닐 때마다, 붉은 옷을 입은 사람들의 열기와 함성이 아직도 귓가를 맴돌고, 그 열정이 공간을 가득 채우는 것 같아요.

"대~ 한민국" 2002년, 대한민국은 축구 열기로 가득 찼습니다. 그해 월드컵에서 대한민국은 역사적인 순위를 차지하며 전 세계를 놀라게 했어요. 이 열기의 중심에는 붉은 악마, 대한민국 축구 국가대표팀의 응원단이 있었습니다. 지금은 20년도 더 지났지만, 붉은 악마의 열기와 광화문의 아름다움이 어우러진 그 순간은 절대 잊지 못할 소중한 추억으로 남아 있습니다.

이처럼 한국의 역사와 문화를 살필 수 있는 아름다운 광화문! 오늘은 그 아름다운 곳을 여행하는 우리의 이야기를 함께 해보겠습니다

1. 위치: 서울 종로구 효자로 12 국립고궁박물관

> 소제목 추가, 사실 오류 수정, 위치 정보 추가

광화문은 경복궁의 남문으로 궁의 정문 기능을 해요

여기는 한국의 역사와 현대를 아우르는 곳으로, 과거에는 국회의사당과 서울청사, 청와대 등이 광화문 광장 부근에 있어 한국 행정부를 상징하는 공간이었어요. 또한 이곳은 역사적인 사건들의 배경이 되기도 했죠.

2. 역사와 문화

광화문은 조선 왕조의 궁궐인 경복궁의 정문으로 사용되었습니다. 이후 일제 강점기에는 경복궁 앞뜰을 파괴해 조선총독부 신청사를 지었고, 1995년 김영삼 대통령 취임 이후가 되서야 조선총독부 건물이 철거되었던 가슴 아픈 스토리가 있죠. 지금은 대한민국의 정부 건물들과 함께 빛나는 우리나라의 역사와 현대의 모습을 담고 있죠.

3. 관람 시간 및 입장료

광화문은 무료로 관람할 수 있어요! 하지만 경복궁은 입장료를 따로 낼 수 있으니 미리 확인하는 것이 좋아요.

- 관람 시간:
  매일 09:00 - 17:00 1~2월, 11~12월 / 입장 마감 1시간 전까지

> 사실 오류 수정, 가격 정보를 구체적으로 추가

  매일 09:00 - 18:00 3~5월, 9~10월 / 입장 마감 1시간 전까지
  매일 09:00 - 18:30 6~8월 / 입장 마감 1시간 전까지(화요일 휴무)

- 입장료:
  대인(만25세 ~ 만64세) 3,000원
  만65세 이상 어르신 및 한복을 착용한 자 무료
  외국인 소인 1,500원
  만24세 이하 청소년 / 장애인, 유공자 무료
  외국인 대인 3,000원

4. 주요 행사와 이벤트

매년 여름에는 광화문 광장에서 다채로운 행사와 이벤트가 열려요. 국궁 체험, 전통 음악 공연, 민속놀이 등 함께하는 축제는 국내외 여행객들에게 큰 인기를 끌고 있죠. 2024년 2월 3일부터 5월 6일까지는 서울놀이 빛의 놀이터 & 소울 미러라는 주제로 상시 운영됩니다. 민속놀이를 최첨단 디지털 첨단 기술로 재구성한 다양한 놀이를 직접 체험해 볼 수 있어요.

> 최신 정보 추가

5. 대중교통 및 주차장 정보

광화문은 서울의 중심부에 위치해서 교통이 편리해요. 지하철, 버스, 택시 등 다양한 교통수단을 이용할 수 있어요.

지하철 이용 시에는 3호선 경복궁역 5번 출구, 5호선 광화문역 2번 출구, 2호선 종각역 2번 출구에서 가까워요.

매우 혼잡한 지역이어서 주차하기가 어려울 수 있어요. 광화문 광장 주변에는 유료 주차장이 여러 곳 있습니다.

1. 세종로 지하 주차장
   위치: 서울 종로구 세종로 80-1
   요금: 5분당 430 원

2. 광화문 빌딩 앞 공영 주차장
   위치: 서울 종로구 세문안로 5길 11
   요금: 5분당 500원

3. 광화문 교보문고 주차장
   위치: 서울 종로구 세종로 119
   요금: 30분당 3,000원

> 사실 오류 수정, 지하철 출구 정보 및 주차장 정보를 구체적으로 추가, 개인 의견 추가

주차장이 매우 혼잡하고 이용료도 비싼 편이어서 광화문 나들이는 대중교통을 활용하는 방법을 추천해요!

6. 주변에 가볼 만한 곳 — 소제목으로 분리

주변에는 경복궁, 청계천, 남산 등 다양한 관광 명소가 있어요. 광화문을 방문한다면 이웃한 명소들도 함께 즐겨 보는 것을 추천해요!

7. 팁과 주의 사항

광화문을 방문할 때는 편한 신발과 이동용 충전기를 준비하는 것이 좋아요. 특히 여름에는 물병과 휴대용 선풍기를 준비해서 더위를 식히는 것이 좋습니다. 또한 광화문 광장 주변은 매우 넓어서 휴식 시간을 충분히 갖는 것이 중요합니다.

광화문은 우리나라의 역사와 현대가 공존하는 아름다운 장소입니다. 역사적인 분위기와 함께 자연스럽게 녹아든 현대적인 모습을 함께 즐겨 보세요. 나만의 광화문 이야기를 만들어 가는 것도 좋겠죠?

이처럼 스토리텔링을 강조한 글쓰기에서는 독자가 글을 읽는 동안 지루하지 않도록 스토리텔링 요소와 정보 요소를 글의 흐름에 맞춰 조절하는 것이 중요합니다. 글의 구성을 명확히 하고 장소나 사건마다 설명을 적절히 배치하여 독자가 글을 따라가며 여행하는 듯한 느낌을 받을 수 있도록 해야 합니다.

맛집 후기에는 감각 표현을 살리자!

예를 들어 맛집을 주제로 한 블로그 글쓰기에서는 해당 음식점의 기본 정보와 더불어 생생하고 자세한 설명으로 독자들이 음식의 맛과 해당 음식점의 분위기를 상상할 수 있도록 해야 합니다. 그러므로 음식의 맛·향·질감, 식당의 분위기와 서비스 등의 정보를 구체적으로 제공하는 것이 좋습니다. 글과 함께 사진이나 비디오를 활용하여 글의 내용을 시각적으로 보완해 주는 것도 효과적입니다.

◉ **이렇게 써보세요!**

<작성한 글>을 <감각적으로> 작성해 줘.

(또는) <작성한 글>을 <독자가 상상할 수 있도록> 작성해 줘.

챗GPT를 활용하여 '울프강스테이크하우스 청담'을 주제로 맛집 블로그 포스트를 작성해 보겠습니다.

> 청담동에 있는 울프강스테이크하우스의 위치, 발렛 주차, 예약 방법 정보와 런치 코스 요리 가격, 코스 구성을 블로그 포스트 형식으로 작성해 줘. 전체적으로 어투는 캐주얼하지만 맛 표현은 감각적이어서 독자가 상상할 수 있을 정도로 구체적으로 작성해 줘.

챗GPT

울프강스테이크하우스: 청담동의 고급스러운 스테이크 즐기기

안녕하세요, 맛있는 스테이크를 찾는 여러분! 오늘은 청담동에 위치한 울프강스테이크하우스를 소개해드리려 합니다. 이 곳은 현대적이고 세련된 분위기에서 최상의 스테이크를 즐길 수 있는 곳으로 유명합니다.

위치:
울프강스테이크하우스는 서울의 중심인 청담동에 위치하고 있습니다. 정확한 주소는 여기에서 확인하실 수 있습니다. 지하철을 이용하신다면 ○○역 ○번 출구에서 약 5분 거리에 위치해 있습니다.

(... 생략 ...)

디저트 세련된 마무리:
달콤하고 고급스러운 디저트로 식사를 마무리하세요. 과일의 상큼함과 크림의 부드러움이 어우러진 디저트는 여러분의 입맛을 만족시킬 것입니다.

이렇듯, 울프강스테이크하우스의 런치 코스는 풍부한 맛과 식사 경험을 선사합니다. 지금 당장 예약을 하고, 이곳에서 특별한 시간을 보내 보세요!

맛집 소개 블로그 포스트를 작성할 때 감각적인 표현을 사용하면 독자들에게 공간의 분위기와 음식의 맛을 생생하게 전달할 수 있습니다. 이렇게 표현하면 독자들이 실제로 그곳에 방문하고 싶다는 욕구를 불러일으킬 수 있습니다.

각 메뉴의 맛 표현을 더욱 다채롭게 서술해 줘.

전통적인 스테이크 샐러드:
챗GPT
청량한 채소와 신선한 과일로 만든 샐러드는 입맛 돋우는데 최적입니다. 부드럽고 촉촉한 스테이크는 식감이 일품이며, 샐러드 속의 특별한 소스는 입안을 환상적으로 감싸줍니다.

소고기 수프:
뿌리채소와 향신료의 깊은 풍미가 어우러진 고기 육수는 몸과 마음을 따뜻하게 만들어줍니다. 수프 한 그릇으로 피로를 날려주는 효능을 느껴보세요.

주인장의 특별 제작 스테이크:
정성이 가득 담긴 스테이크는 완벽한 익힘과 함께 그 위로 자랑스럽게 펼쳐진 부드러운 그라탕 소스가 어우러져, 입안에서 고소하고 진한 향기가 퍼져 나옵니다. 육즙이 촉촉하고 부드러운 식감은 어느 스테이크보다 훌륭합니다.

디저트 세련된 마무리:
상큼한 과일과 부드러운 크림이 어우러진 디저트는 달콤함과 고소함이 조화를 이루어, 입속에 퍼지는 맛있는 감동을 선사합니다. 각인의 특별한 손길로 만들어진 디저트는 마치 예술작품처럼 보입니다.

이러한 감각적인 표현을 매번 다르게 풀어내려면 쉽지 않습니다. 단순히 '맛있다'보다 표현을 더욱 풍부하게 하고 싶다면 생성형 AI를 활용해 보세요.

마무리할 때에는 사실을 확인해서 오류가 있는지 확인해야 합니다. 이에 덧붙여 콘텐츠를 차별화하려면 개인 경험이나 의견을 추가하여 독창성을 한 스푼 더하면 좋습니다. 생성형 AI를 이용하면 다양한 묘사와 어휘력을 발휘하여 내 블로그 글쓰기를 풍부하게 만들 수 있습니다.

울프강스테이크하우스 청담 평일 런치 코스 후기 〈 *제목의 키워드 변경, 사실 오류 수정, 소제목 지정*

안녕하세요, 맛있는 스테이크를 찾는 여러분! 오늘은 청담동에 위치한 울프강스테이크하우스를 소개해드리려 합니다. 이 곳은 세계적으로 유명한 스테이크하우스의 한국 1호점입니다. 현대적이고 세련된 분위기에서 최상의 스테이크를 즐길 수 있는 곳으로 유명합니다.

1. 위치:

울프강스테이크하우스는 서울의 중심인 청담동에 위치하고 있습니다. 정확한 **주소는 서울 강남구 선릉로 152길 21 영인빌딩 1층입니다.** 지하철을 이용할 경우, 수인분당선 압구정로데오역 4번 출구에서 371m 거리에 위치해 있습니다.

2. 발렛 주차:

고급스러운 레스토랑 답게, 울프강스테이크하우스는 발렛 주차 서비스를 제공합니다. 차량을 주차하실 때 편리하게 이용하실 수 있습니다. **발렛파킹 비용은 3,000원입니다.**

3. 예약 방법:

울프강스테이크하우스는 매우 인기 있는 레스토랑으로, 특히 저녁 시간에는 예약이 꼭 필요합니다. 예약은 네이버 예약을 통해 간편하게 할 수 있으며, 전화(0507-1486-****)로 예약하실 수도 있습니다.

4. 런치 코스 요리 가격:

울프강스테이크하우스의 런치 코스는 탁월한 가치를 제공합니다. 다양한 코스 중에서 가장 인기 있는 코스는 청담 런치 코스입니다. 가격은 1인당 ₩120,000입니다.

5. 런치 코스 구성:

이제 어떤 요리가 런치 코스에 포함되어 있는지 알아볼까요?

빵: 기용 빵(매일 직접 만든 신선한 유기농 빵)   *사실 오류의 부분 수정*

전채 요리:

셰프 추천 에피타이저(매일 신선한 재료로 만든 추천 메뉴)

선택 1: 그릴 새우 1개 & 베이컨 반쪽(+15,000원)

선택 2: 크랩 케이크(+20,000원)

샐러드:

선택 1: 아이스버그 웨지 샐러드 또는 시저 샐러드

선택 2: 베벌리 힐스 샐러드(+2,000원)

블루치즈 크럼블과 드레싱을 곁들인 양상추 샐러드는 입맛 돋우는데 최적입니다. 샐러드 속의 특별한 소스는 입안을 환상적으로 감싸줍니다. 기본 샐러드만 먹어봤는데, 다음에 방문할 땐 베버리 힐스 샐러드로 변경해서 먹어보고 싶네요.

개인 경험 추가

수프:

선택 1: 데일리 수프 (+2,000원)

선택 2: 버섯 수프 (+3,000원)

선택 3: 랍스터 비스크 (+4,000원)

선택 4: 양파 수프 (+3,000원)

뿌리채소와 향신료의 깊은 풍미가 어우러진 런치 데일리 스프의 고기 육수는 몸과 마음을 따뜻하게 만들어 줍니다. 수프 한 그릇으로 피로를 날려주는 효능을 느껴보세요.

메인 요리:

선택 1: 런치 필레미뇽 (180g)

선택 2: 울프강 시그니처 드라이 에이징 립아이 스테이크 (추가 요금 발생)

선택 3: 프라임 뉴욕 서로인 스테이크 (350g)

선택 4: 리브아이 스테이크 (700g) (+80,000원)

정성이 가득 담긴 런치 필레미뇽 스테이크는 완벽한 익힘과 함께 그 위로 자랑스럽게 펼쳐진 부드러운 스테이크 소스와 진한 버터가 어우러져, 입안에서 고소하고 진한 향기가 퍼져 나옵니다. 육즙이 촉촉하고 부드러운 식감은 어느 스테이크보다 훌륭합니다.

디저트 세련된 마무리:

상큼한 과일과 부드러운 크림이 어우러진 디저트는 달콤함과 고소함이 조화를 이루어, 입속에 퍼지는 맛있는 감동을 선사합니다. 각인의 특별한 손길로 만들어진 디저트는 마치 예술작품처럼 보입니다.

음료로는 커피 또는 다바론 티가 나오며, 알레르기가 있는 경우는 미리 직원에게 알려주어 제외식이나 대체식을 요구하시기 바랍니다. 기념일에 가본 울프강스테이크하우스는 웅장한 분위기에 걸맞는 맛있는 스테이크를 즐길 수 있는 분위기 좋은 레스토랑이었습니다.

> 개인 의견 추가

지금 당장 예약을 하고, 이곳에서 특별한 시간을 보내보세요!

지식 공유는 더욱 친근하게

IT 기기 리뷰 글을 크게 분류하면, 전문가 스타일로 작성한 경우도 있고 캐주얼한 느낌으로 강조한 글도 볼 수 있습니다. 블로그 글쓰기 스타일은 카테고리별로 지정되어 있지 않으므로 자신의 글쓰기 스타일을 선택하여 목적에 맞게 작성하면 됩니다.

◐ 이렇게 써보세요!

<작성한 글>을 <캐주얼한 스타일로> 작성해 줘.

(또는) <작성한 글>을 <독자에게 친근한 느낌으로> 작성해 줘.

다음 예시는 03-1절에서 다룬 전문가 스타일 글쓰기 기법 가운데 '비교 분석하는 글쓰기' 예시로 작성한 아이폰 관련 리뷰입니다. 이 글을 일반 사용자가 조금 더 쉽게 이해할 수 있도록 캐주얼한 스타일로 바꿔 볼게요.

> 앞에서 작성한 글을 캐주얼한 스타일로 바꿔 줘.

챗GPT

제목: 아이폰 11 vs 12: 어떤 걸로 갈까?

스마트폰 마니아들! 애플이야말로 항상 눈에 띄는 브랜드죠. 매년 새로운 아이폰이 나오면서 기술과 디자인 면에서 우리를 놀라게 합니다. 특히, 아이폰 11과 12는 애플의 최신 기술과 스타일을 반영한 대표주자죠. 이번 글에서는 이 두 기기의 차이를 비교해보려 합니다. 그럼 시작해볼까요?

디자인
아이폰 11과 12의 디자인은 약간 차이가 있어요. 아이폰 11은 라운드된 코너와 알루미늄 프레임이 특징이고, 후면은 유리로 되어 있어요. 반면 아이폰 12는 더 날렵한 외관을 갖췄는데, 각인식된 각모서리와 프레임은 스테인레스 스틸로 만들어졌죠. 그리고 아이폰 12는 플랫한 디자인으로 아이폰 5에서 인기를 끌었던 느낌을 살렸어요.

(... 생략 ...)

가격
물론 가격도 중요하죠. 아이폰 12가 용량별로 약 24만 원 더 비싼 편이에요. 하지만 할인 혜택을 고려하면 아이폰 11을 구매하는 것도 좋은 선택일 수 있어요.

마무리
이제 여러 가지를 비교해봤는데요, 최종 선택은 여러분의 몫입니다. 가격이 중요하다면 아이폰 11을, 최신 기술과 좋은 디스플레이를 원한다면 아이폰 12를 선택해보세요. 어떤 걸로 결정하셨나요? 댓글로 공유해주세요!

이처럼 글쓰기 스타일만 바꿔도 마치 친구에게 추천하는 것처럼 친근하게 다가가 흥미를 유발할 수 있습니다. 하지만 아직도 전문 용어가 남아 있어서 문장이 딱딱하게 느껴집니다. 이럴 때 추가로 프롬프트에 "전문 용어나 기술적인 설명을 최소화하고 개인 경험을 추가해 줘."라고 요청하여 솔직하고 진솔한 인상을 주도록 바꿀 수 있습니다.

챗GPT

제목: 아이폰 11 vs 12: 어느 걸로 할까?

애플폰을 사려고 하면 떨리는 마음이 드는 건 우리 뿐이 아니죠. 그런데 아이폰 11과 12 중에서 고민 중이신가요? 제 경험을 바탕으로 비교해보겠습니다.

디자인
아이폰 11은 딱히 특별한 건 없어요. 그냥 전통적인 아이폰 느낌이에요. 반면, 아이폰 12는 살짝 다른데, 각진 모서리와 플랫한 디자인이 돋보이죠. 솔직히 말해서, 아이폰 12가 좀 더 고급스러워 보이기는 합니다.

(... 생략 ...)

가격
가격 차이는 있지만, 그래도 할인이나 할부를 고려하면 아이폰 11을 사도 괜찮을 거 같아요.

마무리
저는 최신 기술을 쓰고 싶지만, 예산도 생각해야 해서 아이폰 12를 고르게 됐어요. 디자인도 예쁘고 성능도 좋아서 만족하고 있어요. 여러분은 어떨까요? 만약 아이폰 11을 선택한다면, 예전 모델이지만 여전히 좋은 기능을 제공해요. 결정하신 걸 댓글로 알려주세요!

챗GPT 덕분에 개인 경험과 느낌을 솔직하게 표현한 글로 바뀌었습니다. 다만 아이폰 기기의 정확한 정보도 포함하면 좋을 것 같아 스펙 비교표를 추가해서 완성해 보았습니다.

최종 결과물

제목: **아이폰 11 vs 12 가격 및 차이점 비교(디자인, 디스플레이, 카메라, 성능, 배터리 등)**

> 키워드를 고려한 제목으로 수정

애플폰을 사려고 하면 떨리는 마음이 드는 건 우리 뿐이 아니죠. 그런데 아이폰 11과 12 중에서 고민 중이신가요? 그럼 둘 다 사용해 본 제 경험담을 참고해주세요. 먼저 두 기기의 스펙 정보부터 공유합니다.

> 서론 추가

1. 아이폰 11과 아이폰 12 스펙 비교

> 객관적인 정보 추가

항목	아이폰 11	아이폰 12
디자인	라운드 코너, 알루미늄 프레임	플랫한 디자인, 스테인레스 스틸 프레임
디스플레이	6.1인치 LCD Liquid Retina	6.1인치 Super Retina XDR OLED
카메라	후면: 12MP 메인 + 12MP 초광각	후면: 12MP 메인 + 12MP 초광각
성능	Apple A13 Bionic 칩	Apple A14 Bionic 칩
배터리 수명	일반 사용 시 1일	일반 사용 시 1일
추가 기능	-	5G 네트워크, MagSafe 기술

2. 디자인

아이폰 11은 딱히 특별한 건 없어요. 그냥 전통적인 아이폰 느낌이에요. 반면, 아이폰 12는 살짝 다른데, 각진 모서리와 플랫한 디자인이 돋보이죠. 솔직히 말해서, 아이폰 12가 좀 더 고급스러워 보이기는 합니다.

3. 디스플레이

디스플레이도 중요하죠. 아이폰 11은 괜찮은데, 아이폰 12의 디스플레이가 더 생생하고 선명해요. 특히 HDR 콘텐츠를 볼 때 더 좋은 거 같아요.

4. 카메라

사진 찍을 때 중요한 건 카메라잖아요? 아이폰 11과 12의 차이는 크게 느껴지진 않아요. 다만, 아이폰 12는 조금 더 기능이 많고 세부 조절이 가능한 느낌이에요.

5. 성능

솔직히, 아이폰 11도 성능이 나쁘진 않아요. 근데 아이폰 12가 조금 더 빠르고 부드러운 거 같아요. 게임을 많이 하거나 멀티태스킹을 자주 하는 사람이라면 아이폰 12가 좀 더 만족스러울 거예요.

6. 배터리 수명

둘 다 하루는 잘 버틸 거 같아요. 근데 아이폰 12는 약간 더 효율적인 칩을 쓰니까 조금 더 오래가지 않을까 싶어요.

7. 추가 기능

아이폰 12에는 5G가 있어서 더 빠른 인터넷을 쓸 수 있어요. 그리고 무선 충전이 편리한 MagSafe 기술도 있죠.

8. 가격

가격 차이는 있지만, 그래도 할인이나 할부를 고려하면 아이폰 11을 사도 괜찮을 거 같아요.

9. 마무리

저는 최신 기술을 쓰고 싶지만, 예산도 생각해야 해서 아이폰 12를 고르게 됐어요. 디자인도 예쁘고 성능도 좋아서 만족하고 있어요. 여러분은 어떨까요? 만약 아이폰 11을 선택한다면, 예전 모델이지만 여전히 좋은 기능을 제공해요. 결정하신 걸 댓글로 알려주세요!

전문적인 IT 기기 리뷰 글은 IT에 관심이 많은 사람들에게만 어필할 수 있지만, 캐주얼한 리뷰 글은 IT에 익숙하지 않은 일반인에게도 쉽게 다가갈 수 있습니다.

궁금증을 해소해 주는
협찬(체험단) 스타일 글쓰기 기법

#체험단 #협찬 #작성가이드 #마케팅포인트 #상세페이지

글쓰기에서는 기획하는 것이 중요합니다. 처음부터 무턱대고 글을 쓰려고 하면 막히는 부분이 생길 수 있기 때문입니다. 글쓰기에서 큰 틀을 구성하는 기획 단계를 거치면 글을 막힘 없이 쓸 수 있습니다. 여기서 기획은 글의 주제 선정하기, 내용 구성하기, 서론-본론-결론의 구조 등을 미리 계획하는 과정을 포함합니다.

포스팅 가이드를 따라 작성하거나 상세 페이지 참고하기

협찬(체험단) 글쓰기에서 작성 가이드는 의외로 이러한 기획 과정을 도와줍니다. 특정 제품 리뷰 콘텐츠를 작성할 때에는 상품의 대표적인 특징, 장점, 스펙 등을 다뤄야 하므로 협찬 글쓰기의 작성 가이드를 참고하면 글쓰기가 훨씬 쉽습니다.

만약 업체에서 이런 가이드를 제공하지 않는다면 제품의 상세 페이지를 참고 자료로 사용할 수 있습니다. 이때 주의해야 할 점이 있습니다. 제조사나 마케터가 강조하고 싶은 이야기를 모두 다 쓰면 글의 분량이 너무 길어져 몰입도가 떨어질 수 있습니다. 그러므로 실제로 제품을 사용해 보면서 어떤 점이 좋았는지 또는 아쉬웠는지 등을 적당한 분량으로 담백하게 풀어내는 것이 중요합니다.

상세 페이지를 참고해 글을 완성해 보세요!

작성 가이드가 없을 때 참고할 제품의 상세 페이지

포스팅 가이드를 첨부해 글쓰기 요청하기

블로그를 운영하다 보면 기업이나 음식점 등으로부터 협찬 제안을 받습니다. 이처럼 대가성 포스팅을 진행할 때 "자유 형식으로 써주세요."라고 할 수도 있지만, 대부분 '작성 가이드'라는 마케팅 포인트를 제시합니다. 다음 예시는 코예커플이 요청받은 신제품 노트북 추천 포스팅 가이드입니다.

2024년 신제품 코예커플 노트북 포스팅 가이드

주요 특징	1. 코예커플 노트북 외관 변경 포인트 소개 2. 신기능 생성형 AI 글쓰기 소개 3. 혁신적인 코예커플 글쓰기 스킬 소개 - 코예커플이 최초로 선보이는 생성형 AI 기능이 포함된 노트북 - 스스로 답을 찾는 똑똑한 챗봇 - 누구나 쉽게 따라할 수 있는 코예커플 글쓰기 ＊ 주요 포인트와 블로거님의 느낌을 적절히 녹여 주세요.
필수 키워드	● 필수 키워드 : 코예커플 / 생성형 AI / 블로그 글쓰기
유의사항	<촬영 유의사항> 1. 타사 제품 함께 노출되지 않도록 촬영 부탁드립니다. 2. 사진 내 저작권 위반 사항이 없는지 체크 부탁드립니다. 3. 가이드를 그대로 복사 붙여 넣기 하지 마시고 본인의 경험을 꼭 녹여주세요.
마케팅 포인트	● <u>인트로 : 코예커플 노트북 브랜드 최초 생성형 AI 도입!</u> - 글로벌 브랜드 코예커플 브랜드에서 노트북 시장 최초로 생성형 AI 글쓰기를 도입. - 대충한 질문도 찰떡같이 답변을 주는 똑똑한 챗봇 - 코예커플 글쓰기 꿀팁 기능까지 저장되어 있는 똑똑한 노트북 - 1m 높이에서 낙하해도 끄떡없는 내구성
주요 스펙	**CPU** : 인텔 i9-14900HX **GPU** : 지포스 RTX 4090 디스플레이 : 17.3" QHD 240Hz 메모리 : 32GB DDR5 스토리지 : 2TB NVMe SSD 규격 : 396 x 293 x 21.8 mm 무게 : 2,929g

구체적으로 적어야 할 정보가 들어 있습니다!

업체에서 제공받은 포스팅 가이드 예시

이 작성 가이드와 생성형 AI를 활용하면 대가성 포스팅의 글쓰기 속도를 높일 수 있습니다. 해당 문서를 업로드하거나 내용을 복사하여 프롬프트에 다음과 같이 요청하면 됩니다.

◉ 이렇게 써보세요!

다음 주제로 블로그 포스트를 작성해 줘.

- 주제: <작성 주제>
- 예상 독자: <예상 독자>

<작성 가이드 직접 입력> 또는 <가이드 이미지 첨부>

다음 주제로 블로그 포스트를 작성해 줘.
- 주제: 코예커플 브랜드의 노트북을 추천
- 예상 독자: 노트북을 구매할 계획이 있는 사람

2024년 신제품 코예커플 노트북 포스팅 가이드

주요 특징	1. 코예커플 노트북 외관 변경 포인트 소개 2. 신기능 생성형 AI 글쓰기 소개 3. 혁신적인 코예커플 글쓰기 스텝 소개 - 코예커플이 최초로 선보이는 생성형 AI 기능이 포함된 노트북 - 스스로 답을 찾는 똑똑한 챗봇 - 누구나 쉽게 따라할 수 있는 코예커플 글쓰기 * 주요 포인트의 볼드거님의 느낌을 적절히 녹여 주세요.
필수 키워드	● 필수 키워드 : 코예커플 / 생성형 AI / 블로그 글쓰기
유의사항	<촬영 유의사항> 1. 타사 제품 함께 노출되지 않도록 촬영 부탁드립니다. 2. 사진 내 저작권 위반 사항이 없는지 체크 부탁드립니다. 3. 가이드를 그대로 복사 붙여 넣기 마시고 본인의 경험을 꼭 녹여주세요.
마케팅 포인트	● 인트로 : 코예커플 노트북 브랜드 최초 생성형 AI 도입! - 글로벌 브랜드 코예커플 브랜드에서 노트북 시장 최초로 생성형 AI 글쓰기를 도입. - 대충한 질문도 알맞값이 답변을 주는 똑똑한 챗봇 - 코예커플 글쓰기 꿀팁 기능까지 저장되어 있는 똑똑한 노트북 - 1m 높이에서 낙하해도 끄떡없는 내구성
주요 스펙	CPU : 인텔 i9-14900HX GPU : 지포스 RTX 4090 디스플레이 : 17.3" QHD 240Hz 메모리 : 32GB DDR5 스토리지 : 2TB NVMe SSD 규격 : 396 x 293 x 21.8 mm 무게 : 2,929g

문서를 챗GPT에 업로드 했어요!

챗GPT 4

제공해 주신 이미지로 볼 때 '코예커플' 브랜드의 노트북에 대한 자세한 정보가 있는 것으로 보입니다. 이를 활용하여 새 노트북을 구입하려는 독자들을 위한 맞춤형 블로그 게시물을 작성하겠습니다.

'코예커플' 브랜드 노트북, 다음 구매 리스트의 최상위에 올려야 하는 이유

새 노트북을 시장에서 찾고 계신가요? 만약 강력한 성능과 휴대성을 모두 갖춘 제품을 원한다면 '코예커플'의 최신 제품이 당신의 이상적인 선택이 될 수 있습니다. '코예커플' 브랜드 노트북이 구매 목록에서 으뜸이어야 하는 몇 가지 이유를 소개합니다.

전문가와 게이머를 위한 타의 추종을 불허하는 성능

'코예커플' 노트북은 인텔 i9-14900HX CPU와 NVIDIA RTX 4090 GPU를 탑재하여 강력한 성능을 발휘합니다. 복잡한 소프트웨어를 실행해야 하는 창작 전문가든 몰입감 있는 게임 경험을 찾는 게이머든 이 노트북은 결코 실망시키지 않을 것입니다. 240Hz로 리프레시되는 17.3인치 QHD 디스플레이는 어떤 작업을 하든 눈부신 클리어한 비주얼과 부드러운 움직임을 제공합니다.

(... 생략 ...)

노트북 기술의 다음 단계로 나아갈 준비가 되셨나요? '코예커플'을 고려하여 품질과 성능에 타협하지 않는 만족스러운 사용자의 행렬에 합류하세요.

이 블로그 포스트 초안이 당신의 요구에 부합하는지 확인해주세요. 추가하거나 변경하고 싶은 부분이 있다면 언제든지 알려주세요!

프롬프트를 간단히 입력했는데 챗GPT가 1,000자에 가까운 블로그 포스트를 작성해 주었습니다. 이를 토대로 글쓰기 작업을 한다면 시간 절약에 큰 도움이 됩니다.

독자가 궁금해할 만한 요소 생각하기

포스팅 가이드를 기반으로 블로그 글을 쓰면 '개성이 없다'는 문제가 생깁니다. 주제가 같은 대가성 블로그 포스트에서 똑같은 느낌이 나는 이유도 바로 이 가이드 때문입니다. 작성 가이드와 제품 상세 페이지를 참고해서 글의 구성을 잡는 것은 좋지만, 독자(제품 리뷰라면 구매하고 싶은 사람)가 궁금해할 만한 요소가 무엇인지 등을 추가하는 습관을 들여야 합니다. 이러한 사소한 습관이 같은 제품을 리뷰하는 여러 콘텐츠 가운데 내 블로그 글을 차별화할 수 있게 해줍니다.

코예커플은 제품을 직접 사용한 후 아쉬운 점, 기대되는 점 등을 추가해서 단점을 간략히 언급하는 편입니다. 하지만 초보 블로거는 이런 단점 요소를 통으로 삭제하는 경우도 있는데요. 마케팅 대행사 등이 글을 발행하기 전에 원고를 확인하고 이런 단점 요소를 무조건 삭제해 달라고 요청할 수 있기 때문입니다. 결국 천편일률적으로 똑같아 보이는 글에서 내 블로그 포스트를 차별화할 수 있는 요소를 제거하는 꼴이 됩니다. 이러한 대가성 글쓰기의 프로세스를 무조건 따라 하다 보면 앞에서 기획한 것과 다르게 처음부터 끝까지 특정 제품의 장점만 나열하는 칭찬 일색의 재미없는 글이 될 수 있습니다.

이런 경우에는 조금 부드럽게 단점을 에둘러 표현하는 방법을 추천합니다. "제품의 배터리 사용 시간이 짧아서 사용하기 불편하다."라는 직설적인 표현보다 "차기 버전에서는 제품의 배터리 시간까지 더 늘어난다면, 더욱 만족하고 사용할 수 있겠다."라는 식으로 돌려서 표현하면 됩니다. 물론 직설적으로 표현해야 간단명료해서 읽기 쉽지만, 대가성 포스트라는 특징이 있으니 이 방법을 참고하여 내 글의 차별성을 지키기 바랍니다.

실제로 챗GPT에게 제품의 단점을 표현하는 다양한 방법을 요청해서 답변을 받아 보겠습니다.

☁ 이렇게 써보세요!

<입력한 내용>라는 표현을 완곡하게 작성해 줘.

(또는) <입력한 내용>라는 말을 다양하게 표현해 줘.

"제품의 배터리 사용 시간이 짧아서 사용하기 불편하다"라는 표현을 완곡하게 작성해 줘.

챗GPT

1. "제품의 배터리 수명이 조금 더 길었으면 좋겠어요."

2. "제품을 사용할 때 배터리 지속 시간이 아쉽게 느껴집니다."

3. "배터리가 조금 빨리 소모되는 것 같아요."

4. "배터리 성능이 조금 더 향상되었으면 하는 바람입니다."

5. "제품의 배터리가 오래 가지 않아 약간의 불편함이 있습니다."

6. "배터리가 좀 더 오래 지속되었으면 제품 사용이 더 편리할 것 같아요."

7. "배터리 지속력이 조금 부족해 보이는 점이 아쉽습니다."

8. "조금 더 긴 배터리 수명이 필요하다고 느껴지네요."

9. "제품의 배터리가 조금 짧게 가는 편이어서 향후 개선이 기대됩니다."

10. "배터리의 지속 시간이 개선되면 좋겠다는 생각이 듭니다."

이렇듯 '돌려서 / 완곡하게 / 부드럽게 / 간접적으로' 바꿔서 표현하는 방법은 챗GPT가 뛰어납니다. 챗GPT는 우리가 생각하지 못했던 풍부한 어휘력으로 글을 멋지게 바꿔 줍니다.

타깃 키워드를 선정하는
특별한 방법 2가지

스페셜 2

네이버 블로그에서 타깃 키워드는 검색 노출도를 높이고 더 많은 독자를 확보하는 중요한 역할을 합니다. 초보 블로거가 활용하면 좋은 타깃 키워드 발굴 방법 2가지를 소개합니다. 바로 스마트블록과 인플루언서 키워드 목록을 활용하는 것입니다.

스마트블록 활용하기

블로거에게 네이버 스마트블록은 단순한 검색 기능을 넘어 블로그 제목 작성에 영감과 통찰력을 제공하는 든든한 지원군입니다. 초보 블로거에게 스마트블록은 타깃 키워드를 선택할 때 다음 3가지 점에서 매우 유용합니다.

장점 1 검색 트렌드 파악에 유리합니다!

스마트블록은 사용자의 검색 패턴과 관심사를 반영합니다. 그러므로 특정 키워드를 검색할 때 나타나는 인기 블록을 분석하여 사용자가 관심을 갖는 주제와 키워드를 파악할 수 있습니다. 이러한 정보는 블로그 주제를 선정하거나 제목을 작성할 때 활용하여 사용자의 관심을 사로잡는 데 효과적으로 기여합니다.

장점 2 차별화된 콘텐츠를 기획할 수 있습니다!

스마트블록은 다양한 유형의 콘텐츠를 제공합니다. 블로그 제목을 작성하기 전에 스마트블록을 통해 경쟁 블로그들이 어떤 콘텐츠를 어떤 방식으로 제시하는지 분석해 보세요. 차별화된 콘텐츠를 기획하고, 또한 경쟁 블로그와 차별화되는 매력적인 제목을 만들 수 있습니다.

장점 3 키워드 전략이 쉬워집니다!

스마트블록 안의 블로그 제목과 콘텐츠를 분석하여 고객이 사용하는 주요 키워드를 파악하고, 이를 블로그 제목에 적절하게 포함하세요. 이렇게 하면 검색 엔진 최적화 관점에서도 유리하고, 사용자가 원하는 정보를 쉽게 찾을 수 있도록 도와줍니다. 코예커플 역시 블로그 제목을 작성할 때 다양한 검색어로 스마트블록을 확인하고, 여러 블록을 비교 분석하여 활용합니다.

예를 들어 '게이밍 노트북'에 관련된 글을 작성할 때 먼저 스마트블록으로 생성된 키워드가 무엇인지 확인합니다. 검색 창에서 '게이밍 노트북'으로 검색하면 '게이밍 노트북 인기 주제'에 생성된 스마트블록을 확인할 수 있습니다.

주요 키워드를 파악해서 블로그 포스트 제목에 포함하기

이를 바탕으로 블로그 포스팅 제목을 '게이밍 노트북 성능 테스트 및 온도 측정 리뷰'로 완성하고 관련된 내용으로 본문을 채워 나갈 수 있습니다. 초보 블로거일수록 스마트블록을 적극 활용하여 사용자의 관심을 끄는 매력적인 블로그 글쓰기를 기획해 보세요.

인플루언서 키워드 목록 활용하기

네이버 인플루언서 서비스는 검색 포털 사이트인 네이버에서 테크, 뷰티, 여행, 푸드, 문화 등 각 분야의 전문 창작자를 발견하고 흥미로운 콘텐츠를 소비할 수 있도록 돕습니다.

네이버 인플루언서 서비스 화면

네이버에서는 인플루언서가 콘텐츠를 등록할 때 선택하는 키워드를 '키워드 챌린지 (in.naver.com/keywords)'라는 이름으로 제공합니다. 이 서비스는 인플루언서가 자신의 콘텐츠와 관련성이 높은 키워드를 선택하여 노출도를 높이고, 고객은 관심 있는 키워드로 자신이 원하는 콘텐츠를 쉽게 찾을 수 있도록 제공합니다. 키워드 챌린지는 해당 키워드 목록을 누구라도 확인해 볼 수 있어서 초보 블로거가 활용하기 좋습니다.

장점 1 잠재력이 높은 키워드를 도출할 수 있습니다!

키워드 챌린지 목록에서 참여도가 높은 챌린지를 분석하여 사용자의 관심 트렌드를 파악할 수 있습니다. 다만 경쟁률이 높은 키워드로 작성하면 검색 순위에서 밀릴 수 있으므로, 참여도는 낮지만 잠재력이 높은 틈새 챌린지를 발굴하여 차별화된 콘텐츠를 기획하는 방법을 추천합니다.

장점 2 특정 분야의 전문성을 키울 수 있습니다!

네이버 인플루언서로 선정되고 싶다면 특정 분야의 키워드 목록을 확인하고 그 키워드를 활용한 글을 참고해서 작성하는 방법을 추천합니다. 일관된 주제로 완성도 높은 콘텐츠를 꾸준히 발행하면 검색 이용자들이 오랫동안 읽을 것이고, 그 결과 인플루언서 선정에서 긍정적인 효과를 거둘 수 있습니다.

예를 들어 초보 여행 블로거라면 다음 예시처럼 키워드 챌린지 목록에서 '거제도'를 검색하여 경쟁률이 낮은 키워드를 찾아봅니다. 여기에서는 참여도가 낮은 '차박', '루지', '모텔' 등의 키워드를 선택해서 글을 작성하면 됩니다.

특정 분야에서 경쟁률이 낮은 키워드 찾기

04

생성형 AI로
이미지 만들기 &
사진 보정하기

블로그 포스팅에서 이미지는 독자가 글을 쉽게 이해하고 관심을 끄는 역할을 해서 매우 중요합니다. 저작권 문제를 피하려면 직접 촬영해야겠지만 그렇지 못해 상업적으로 이용할 수 있는 무료 이미지를 사용한다면 독창성이 떨어질 수 있습니다. 이미지 생성형 AI를 활용하면 이러한 문제를 쉽게 해결할 수 있습니다. 이 장에서는 5가지 이미지 생성형 AI 모델을 활용해서 독창적이면서도 저작권 문제가 없는 이미지를 내 블로그 주제에 맞게 만드는 방법을 소개합니다.

04-1 챗GPT로 이미지 만들기

#달리3 #GPT플러스 #텍스트를이미지로 #배경추가하기 #요소제외하기 #특정부분만수정

챗GPT를 활용해 이미지를 만들려면 챗GPT 웹 사이트(chat.openai.com)에 접속한 후 하단에서 이미지 생성 프롬프트를 작성하면 됩니다. 단, 제한 없는 이미지 생성은 유료 버전을 사용해야 하므로 무료로 이미지를 생성하고 싶다면 **04-2절 코파일럿으로 이미지 만들기**에서 실습을 진행해 보세요.

▶ 챗GPT에서 사용하는 이미지 생성 모델은 달리 3(DALL-E 3)입니다. 달리 3는 오픈AI에서 개발한 이미지 생성형 AI 모델로, 파일럿에서도 이용할 수 있습니다.

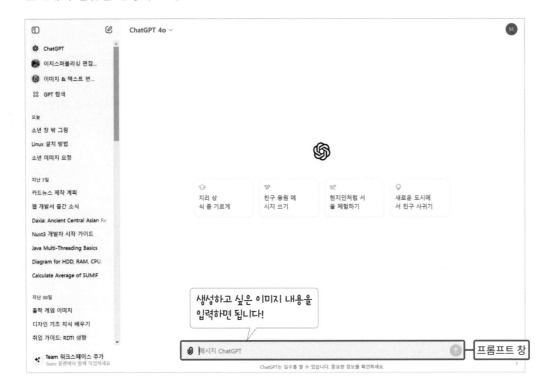

챗GPT로 블로그 글에 사용할 이미지 만들기

이미지를 생성할 때 프롬프트는 이미지의 스타일, 색감, 구
도, 분위기 등을 최대한 자세하고 명확하게 표현하는 것이
중요합니다.

▶ 챗GPT의 답변이 영어인 이유가 궁금
하다면 117쪽 [알아 두면 좋아요!]를 참
고하세요.

---

❷ 이렇게 써보세요!

<구체적인 이미지 설명>을(를) 이미지로 생성해 줘. / 그림으로 그려 줘.

(또는) 다음과 같은 이미지를 생성해 줘. <구체적인 이미지 설명>

> 휴대폰으로 동영상을 보고 있는 모습을 이미지로 생성해 줘.

 챗GPT

Here's the image of a person watching a video on their smartphone,
comfortably sitting on a couch.

> 다음과 같은 이미지를 생성해 줘. 스마트폰으로 영상을 보고 있는 30대 아시아 여성
> 의 뒷모습. 그녀는 아마도 저녁 시간에 아늑하고 조명이 어두운 방에 앉아 있어. 머리
> 는 자연스럽게 묶고, 편안하고 캐주얼한 옷을 입고 있어. 스마트폰 화면의 빛은 그녀의
> 얼굴과 주변 환경을 은은하게 비춰 따뜻하고 친근한 분위기를 자아내.

 챗GPT

I've created the image as you described.

다양한 형용사를 활용해 이미지 만들기

다음 예시처럼 다양한 형용사 등을 이용하여 상상하는 이미지를 프롬프트에 자세히 입력하면 자신이 원하는 이미지를 생성할 수 있습니다. 이미지를 구체적으로 표현할수록 정확도가 더욱 높아집니다. 구체적으로 서술하기가 어렵다면, 딱 원하는 요소를 키워드 형태로 나열해도 챗GPT가 찰떡같이 알아들어 이미지를 생성해 줍니다.

❤ **이렇게 써보세요!**

<이미지 설명 키워드>, <이미지 설명 키워드>, <이미지 설명 키워드>

이미지를 생성해 줘. / 그림을 그려 줘.

> 푸른 하늘, 보랏빛 라벤더 꽃밭, 나무 벤치에 앉아 있는 4살 소녀 이미지를 생성해 줘.

챗GPT

Here's the image you requested, capturing a serene landscape under a clear blue sky with a field of vibrant purple lavender flowers, and a 4-year-old girl sitting on a wooden bench amidst this beautiful setting.

> 다음과 같은 이미지를 만들어 줘. 거실, 오후 시간대, 소파에 편히 앉아서 휴대폰을 보는 20대 여성

챗GPT

> Here's the image of a cozy living room during the afternoon, where a young woman in her 20s is comfortably seated on a sofa, looking at her smartphone.

특정 상황을 표현하는 배경 이미지 만들기

피사체뿐만 아니라 특정 풍경이나 배경을 상세히 설명할수록 완성도 높은 이미지를 만들 수 있습니다.

● **이렇게 써보세요!**

<배경 설명>을 배경으로 하는 이미지를 생성해 줘. / 그림을 그려 줘.

> 다음과 같은 이미지를 생성해 줘. 진료 차트와 각종 서류가 쌓여 있어 바쁜 느낌이야. 병원의 의사 개인 진료실을 배경으로 해줘. 의사는 컴퓨터로 인공지능을 활용한 의료 영상을 분석하고 있어.

챗GPT

Here's the image you requested, showcasing a doctor's personal office within a hospital. It depicts a busy atmosphere with medical charts and various documents piled up, as the doctor analyzes medical images on a computer using artificial intelligence.

다양한 요소를 추가해 이미지 만들기

이렇게 챗GPT는 감정 요소(슬픈 분위기, 행복한 느낌 등), 조명(노을빛, 푸른빛 등)을 추가해도 멋진 이미지를 만들어 줍니다.

◆ 이렇게 써보세요!

<분위기> 느낌의 이미지를 생성해 줘. / 그림을 그려 줘.

> 노을빛이 비추는 도시 거리를 배경으로 신호등이 있는 건널목을 건너는
> 초등학생 두 명의 모습을 행복한 느낌이 나는 이미지로 그려 줘.

챗GPT

Here's the image of two elementary school students happily crossing the street at a traffic light, illuminated by the glow of sunset in a city. The scene radiates with warmth and joy, capturing a beautiful moment of childhood.

> 생성된 이미지를 우울한 느낌으로 변경해 줘.

챗GPT

I've created a new image reflecting a more somber mood, with the scene now set in a gloomy and overcast atmosphere.

원하는 화풍에 따라 '디지털 아트' 또는 '포토 리얼리즘', '웹툰 스타일', '팝 아트', '연필 드로잉' 등과 같이 세부 사항을 추가할 수도 있습니다.

⬇ 이렇게 써보세요!

<구체적인 이미지 설명>을 <화풍> 이미지로 생성해 줘.

예를 들어 수채화 / 3D / 색연필 / 바로크 / 인상파 / 추상 표현 / 미니멀리즘 등의 화풍을 이용할 수 있습니다.

> 도시에서 자율 주행을 하는 자동차의 모습을 이미지로 생성해 줘. 주변에 차량이 적은 한적한 도로이면 좋겠고, 차는 파란색 스포츠카 느낌이었으면 해.

챗GPT

Here's the image of an autonomous blue sports car driving on a serene, lightly trafficked road within a city.

> 앞의 이미지를 팝 아트 스타일로 생성해 줘.

챗GPT

I've created the image in a vibrant pop art style, showcasing the autonomous blue sports car on a serene city road with bold colors and exaggerated features typical of the pop art movement.

앞의 이미지를 인상주의 화풍으로 생성해 줘.

챗GPT

I've reimagined the image with an Impressionist style, capturing the essence of light and movement around the autonomous blue sports car on a serene city road.

제외할 요소 입력하기

원하지 않는 이미지의 특징을 제외하면 결과물의 정확도를 높일 수 있습니다. 생성형 AI로 이미지를 만들면 손가락, 발가락 표현이나 문자, 눈금, 로고 등을 처리하는 부분이 자연스럽지 않은 경우가 더러 있습니다. 이럴 때에는 프롬프트 창에 없이/제외/예외처럼 제거할 요소를 입력해서 요청하면 됩니다.

◉ 이렇게 써보세요!
<구체적인 이미지 설명>에서 <제외할 요소> 없이 이미지를 생성해 줘.

초등학생이 강의를 듣고 태블릿에 필기하는 모습, 필기 내용은 보이지 않는 구도로 이미지를 생성해 줘.

챗GPT

I've created the image you requested. It depicts an elementary school student taking notes on a tablet during a lecture. The student is focused and the contents of the notes are not visible, as you wanted.

태블릿으로 인터넷 강의를 시청하는 청소년의 모습을 이미지로 생성해 줘. 태블릿 기기에는 어떠한 로고도 보이지 않게 해줘.

챗GPT

The image of a teenager watching an online lecture on a tablet has been created. The tablet is logo-free, as requested, focusing on the act of learning.

특정 부분만 수정하기

완성된 이미지를 선택하고 화면 상단의 선택 아이콘 ⌘을 클릭해서 특정 영역만 수정할 수 있습니다. ❶ 선택 아이콘을 누르고 ❷ 수정할 영역을 선택하면 프롬프트 영역에 ❸ [선택 항목 편집] 입력 창이 나타납니다. 여기에 수정할 내용을 입력하면 됩니다.

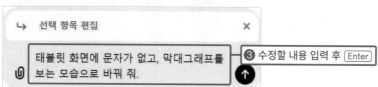

챗GPT

The image has been updated to specifically show the teenager studying a bar graph on the tablet, with the screen solely displaying the graph without any text.

이렇게 챗GPT는 전체 영역을 유지한 채 해당 부분만 수정하여 이미지를 다시 생성해 줍니다. 만약 프롬프트에 [선택 항목 편집] 입력 창이 자동으로 나타나지 않는다면 기존 이미지와 완전히 다른 새로운 이미지를 생성하니 유의하기 바랍니다.

업로드한 이미지를 참고해 새로운 이미지 생성하기

이미 존재하는 이미지를 복사해서 붙여 넣거나 업로드하여 원하는 이미지 스타일을 설명할 때 활용할 수 있습니다. 업로드할 때는 사진 파일을 드래그&드롭하거나 프롬프트에 있는 클립 아이콘 📎을 클릭해 사진이 있는 경로를 선택하면 됩니다.

⊙ 이렇게 써보세요!
<업로드한 사진을 참고>하여 이미지를 만들어 줘.

업로드한 사진을 참고하여, 이와 유사한 스타일로 30대 아시아인 여성 이미지를 더 만들어 줘.

챗GPT

Here's an image of a 30-year-old Asian woman with a style similar to the one you uploaded. She has long dark hair and is wearing a casual white top, with a soft, solid-colored background that complements her features.

업로드한 사진을 참고해서 30대 아시아인 여성의 모습을 일러스트 이미지로 생성해 줘.

챗GPT

Here is the illustrated image of a 30-year-old Asian woman, crafted to reflect the style of the photo you provided.

챗GPT에서 이미지 생성 모델로 사용하는 달리 3는 계속 개발되고 있어서 결과물이 항상 완벽하지 않을 수 있습니다. 그러므로 원하는 이미지가 나올 때까지 다양한 프롬프트를 사용하여 여러 번 시도해 보고 가장 가까운 결과물을 선택하면 됩니다.

💡 알아 두면 좋아요! 달리 3가 답변을 영어로 하는 이유

달리 3의 내부 작동 및 프로토콜은 영어를 기반으로 설정되어 있기 때문입니다. 한국어 텍스트를 입력해 물어보면 따로 요청하지 않아도 우리글로 답변하는 반면, 생성형 AI 이미지 만들기에서는 아직 이러한 기능이 적용되지 않습니다. 그러므로 영어 답변을 받았다면 "한국어로 번역해 줘."라고 추가로 요청해야 한글 답변을 받을 수 있습니다. 예를 들어 보겠습니다.

챗GPT

Here's the image featuring the logos of Instagram, Facebook, and YouTube in a row, with elements like a heart, a thumbs up, a subscribe button, and a bell for notifications placed between them.

한국어로 번역해 줘.

챗GPT

여기 인스타그램, 페이스북, 유튜브 로고가 나란히 배치되어 있으며, 각 로고 사이에 하트, 좋아요, 구독, 알림과 같은 요소가 포함된 이미지입니다.

이후 답변도 "한국어로 번역해 줘."라고 추가로 요청해야 한다는 점도 알아 두세요. 앞으로 달리 프로그램이 업데이트됨에 따라 이런 불편함은 사라질 것입니다.

앞서 **03-1절 전문가 스타일 글쓰기 기법**에서 생성형 AI를 활용해 '인공지능의 미래'를 주제로 작성한 블로그 글에 사진을 삽입해 보겠습니다.

생성형 AI를 활용해 사진을 추가한 블로그 글

인공지능의 미래

내 취향을 이미 꿰뚫어 본 동영상 알고리즘, 요즘 내가 사고 싶어 하는 걸 어떻게 알았는지 귀신같이 알림을 보내는 온라인 쇼핑 추천 목록 등등 이미 우리의 일상생활에 인공지능 기능이 깊숙이 자리 잡고 있으며, 때로는 그 존재조차 잊을 정도로 자연스럽게 녹아들고 있습니다.

지금도 인공지능은 현재 우리 사회에 놀라운 혁신과 변화를 가져오고 있으며, 미래에도 더욱 깊이 통합되고 발전할 것으로 예측됩니다. 그렇다면 인공지능의 미래는 어떨까요?

첫째, 산업과 비즈니스 분야에서의 인공지능의 중요성은 이미 현실화되고 있습니다. 자율 주행 차량은 대표적인 예시 중 하나입니다. 기업들은 자율 주행 기술을 통해 운송 비용을 절감하고 안전성을 향상시키는 데 큰 관심을 기울이고 있습니다. 예를 들어, 테슬라의 오토파일럿 시스템은 이미 운전자의 개입 없이 긴 거리를 주행할 수 있

는 기술을 제공하고 있습니다. 이러한 기술의 발전은 미래에는 보다 복잡한 공정에서 인공지능이 인간을 보조하거나 대체할 수 있을 것을 시사합니다.

둘째, 의료 분야에서의 인공지능의 혁신적인 적용 사례가 많습니다. IBM의 왓슨은 의료 영상 분석, 질병 진단 및 개인 맞춤형 치료에 사용되는데, 이를 통해 의료 서비스의 질과 효율성이 향상되고 있습니다. 또한, 의료 기기 제조사들은 생체 신호를 분석하여 질병을 조기에 감지하고 예방하는데 인공지능을 적극적으로 활용하고 있습니다. 이러한 의료 분야의 혁신은 미래에는 질병 조기 발견과 효과적인 치료를 가능케 하여 건강한 삶의 질을 향상시킬 것으로 기대됩니다.

셋째, 교육 분야에서의 인공지능의 적용은 개별 학습 경험을 개선하고 있습니다. 예를 들어, 학습자의 학습 패턴과 성취 수준을 분석하여 최적의 학습 경로를 제시하는 AI 플랫폼들이 개발되고 있습니다. 또한, 온라인 교육 플랫폼인 Coursera나 edX 같은 기업들은 사용자의 학습 데이터를 기반으로 강의를 추천하고 개인화된 학습 경험을 제공하는데 인공지능을 활용하고 있습니다. 이러한 개인화된 교육은 학습자들이 보다 효율적으로 지식을 습득하고 더 나은 학습 결과를 얻을 수 있도록 도와줄 것으로 기대됩니다.

국내에서는 당장 내년인 2025년부터 몇 가지 과목은 종이 교과서가 아닌 AI 기술을 적용한 디지털 교과서가 도입된다는 사실 아셨나요? 이러한 디지털 교과서는 태블릿 등의 전자기기를 활용한 수업 방식 뿐만 아니라, 교사와 학생들의 학습 활용 방법에도 혁신을 가져올 것입니다. 교과서 내 메타버스, 음성인식, 필기인식 등의 다양한 기술을 포함하여 학생들의 학습 데이터를 수집하고 분석함으로써 교사들이 수업을 더 효과적으로 진행할 수 있도록 지원해주는 변화가 있습니다. 학생들 입장에서는 코딩

과 같은 실습을 직접 체험할 수 있게 된다는 장점이 있습니다. 물론 안정적인 도입까지 여러 도전과제가 있겠지만, 학생들에게 더욱 개인화된 학습 방법을 제공하는 데 중요한 역할을 할 것으로 기대해봅니다.

넷째, 소셜 미디어 분야에서의 인공지능의 적용은 사용자 경험을 향상시키고 있습니다. 페이스북이나 인스타그램과 같은 플랫폼은 사용자의 취향과 행동을 분석하여 맞춤형 콘텐츠를 제공하고 있습니다. 또한, 감정 분석 기술을 활용하여 사용자의 감정에 따라 광고나 콘텐츠를 개인화하는데 인공지능이 활용되고 있습니다. 이러한 소셜 미디어 플랫폼의 개인화된 콘텐츠 추천은 사용자들이 보다 유용한 정보를 받고 콘텐츠에 더 많은 관심을 가질 수 있도록 도와줄 것으로 예상됩니다.

이러한 근거와 예시들은 인공지능이 다양한 분야에서 혁신적인 변화를 가져올 수 있다는 것을 더욱 논리적으로 뒷받침합니다. 인공지능의 발전은 우리의 삶을 혁신하고 더 나은 미래를 구축하는데 중요한 역할을 할 것으로 기대됩니다.

생성형 AI로 만든 이미지를 저장하고 블로그 글 사이에 배치합니다. 이렇게 이미지를 사용하면 텍스트만 있는 글보다 가독성을 높이고 정보 전달의 효과를 극대화할 수 있습니다. 이미지 위치는 글의 흐름을 방해하지 않는 적절한 곳에 배치하면 됩니다.

블로그에 이미지를 활용할 때는 비율과 화질도 신경 쓰세요!

이미지의 크기와 비율은 블로그의 전체 디자인과 조화를 이루어야 합니다. 예를 들어 가운데 정렬에 짧은 문장으로 이루어진 글은 이미지의 가로:세로 비율이 1:1일 때 잘 어울립니다. 반면에 풍경이나 여행 사진과 같이 전체 모습을 보여 주고 싶을 때는 3:2 또는 16:9가 더 적합할 수 있습니다. 이러한 비율을 사용하면 이미지를 화면에 가득 채워 독자에게 강한 몰입감을 제공할 수 있습니다.

그러나 이미지 크기가 너무 작거나 화질이 좋지 않으면 블로그의 전문성이 떨어져 보일 수 있으므로 주의해야 합니다. 고품질 이미지는 블로그 포스트를 더 전문적으로 보이게 해서 독자에게 긍정적인 인상을 줄 수 있습니다.

네이버 검색 팀의 '이미지 검색 노출을 위한 팁(blog.naver.com/naver_search/220834464768)'에 따르면, 동일한 조건일 때 검색에서는 320×240픽셀의 작은 이미지보다 1024×768픽셀의 큰 이미지를 더욱 선호할 가능성이 높다고 밝혔습니다. 검색 이용자들은 화질이 좋지 않고 작은 사진보다 큼직한 고화질 사진을 선호할 가능성이 더 높다는 의미입니다. 따라서 본문 내용에 적합하면서도 고화질인 이미지를 사용하면 블로그 상위 노출에 도움받을 수 있습니다.

물론 이미지 용량을 무리해서 늘릴 필요는 없고, 네이버 스마트에디터(SmartEditor)에서 지원하는 1200픽셀 정도면 적당합니다. 코예커플도 카메라로 촬영한 3:2 비율의 이미지를 한차례 보정한 후 네이버 스마트에디터에서 1200×800픽셀로 변환해서 사용하고 있습니다.

네이버 스마트에디터(smarteditor.naver.com/desktop)

이처럼 포스팅에 삽입한 이미지는 블로그의 사용자 경험을 향상하는 데 중요한 요소로 작용합니다. 따라서 이미지를 선택할 때는 본문의 내용과 적절하게 조화를 이루는지, 해상도가 너무 떨어지지 않았는지 등 시각 효과와 기술 요소를 모두 고려해야 합니다.

코파일럿으로 이미지 만들기

#달리3 #코파일럿 #텍스트를이미지로 #이미지수정 #GPT탐색 #빙이미지크리에이터

이번에는 코파일럿으로 이미지를 만들어 보겠습니다. 대부분 챗GPT로 이미지를 생성하는 방식과 동일합니다. 코파일럿의 프롬프트 창에 생성하고 싶은 이미지를 설명하고 요청하면 됩니다. 코파일럿에 기반한 이미지 생성 방법은 총 3가지입니다.

방법 1 코파일럿의 프롬프트 창에서 이미지 생성 요청하기

크롬 브라우저를 사용한다면 코파일럿 웹 사이트(bing.com/chat)에 들어가 프롬프트를 입력하면 됩니다.

코파일럿 웹 사이트(bing.com/chat)

▶ 윈도우 11 사용자는 키보드의 윈도우 아이콘 🔳과 ⓒ를 동시에 누르면 코파일럿을 즉시 사용할 수 있습니다. 다른 운영체제 사용자는 빙(Bing) 또는 엣지(Edge) 브라우저에서 접근할 수 있습니다.

만약 엣지(Edge) 브라우저를 사용한다면 코파일럿에 더 쉽게 접속할 수 있습니다. 엣지 브라우저의 화면 오른쪽 상단에서 Copilot 아이콘 🔷을 누르면 바로 코파일럿 프롬프트 창이 나타납니다.

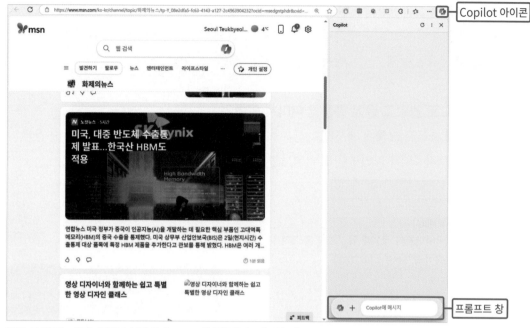

Copilot 아이콘

프롬프트 창

엣지 사용자는 화면 오른쪽 상단의 Copilot 아이콘을 눌러 접속해 보세요!

방법 2 빙 이미지 크리에이터에서 이미지 생성 요청하기

빙은 마이크로소프트의 검색 엔진입니다. 앞서 소개한 코파일럿의 프롬프트 창에 입력하는 것과 마찬가지로 빙 이미지 크리에이터 웹 사이트에 접속해서 이미지를 생성하면 됩니다.

빙 이미지 크리에이터 웹 사이트
(bing.com/images/create)

방법 3 마이크로소프트 디자이너에서 이미지 생성 요청하기

마이크로소프트 디자이너는 단순한 AI 이미지 생성기가 아니라 캔바와 망고보드 같은 웹 그래픽 디자인 도구입니다. 이곳에서도 코파일럿에 기반한 생성형 AI 이미지를 제공하므로, 이 이미지를 활용해서 디자인해 보고 싶을 때 방문해 보세요!

▶ 캔바와 망고보드는 04-3절에서 자세히 다룹니다.

마이크로소프트 디자이너 웹 사이트
(designer.microsoft.com)

앞에서 소개한 코파일럿에 기반한 이미지 생성 방법 3가지 모두 '달리 3'을 사용하고 있으며, 제공하는 크레딧(부스트)도 공유하므로 실습하기 편한 모델을 골라 사용해 보세요. 여기에서는 방법1 코파일럿 웹 사이트에서 실습한 것을 기준으로 설명합니다.

코파일럿으로 블로그 글에 활용할 이미지 만들기

코파일럿의 프롬프트 창에 생성하고 싶은 이미지를 구체적으로 설명하거나 "다음 조건에 맞게 그림을 그려 줘."라고 입력한 뒤 키워드를 나열해서 이미지를 만들 수 있습니다.

◈ 이렇게 써보세요!

<이미지 설명> 이미지를 생성해 줘. / 그림을 그려 줘.

> 흰색 마스크를 쓴 가족이 행복한 모습으로
> 거실 소파에 앉아 있는 이미지를 생성해 줘.

코파일럿   이미지를 생성해 볼게요.

배경 추가하기

이미지의 배경까지 구체적으로 설명하면 더욱 완성도 높은 이미지를 생성할 수 있습니다. 만들고자 하는 이미지의 배경을 다음과 같이 작성해 보세요.

◆ 이렇게 써보세요!
<배경 설명> 이미지를 만들어 줘. / 그림을 그려 줘.

> 회의실에 앉아서 회의하는 모습을 그려 줘. 회의실 창은 통유리이고 창밖으로 마을 모습이 보여. 마을은 소도시의 모습이야. 창밖에는 사람들이 보이지 않게 해줘. 회의에 참석한 사람들의 옷차림은 캐주얼해.

코파일럿
그림을 그려보겠습니다. ▨

다양한 화풍으로 변경하기

자신이 원하는 이미지의 화풍을 구체적으로 언급하여 생성할 수 있습니다. 코예커플은 일러스트 화풍으로 그려 달라고 요청해 봤습니다.

◆ 이렇게 써보세요!
<화풍> 이미지를 만들어 줘. / 그림을 그려 줘.

> 다양한 연령대의 여성과 남성 얼굴이 둥글게 모여 있고 가운데에는 집 모양이 있어. 사람들과 집 주변으로 하트가 있는 모습을 일러스트 화풍으로 그려 줘.

코파일럿
그림을 그려드리겠습니다. 잠시만 기다려주세요.

분위기나 감정 추가하기

화풍, 풍경, 배경, 감정, 조명 등의 요소를 구체적으로 작성할수록 코파일럿이 고품질 이미지를 제작할 수 있습니다. 다만 요청하는 내용 중에 일부 수용하지 못하는 경우도 발생할 수 있습니다.

 이렇게 써보세요!

<분위기 / 감정 등> 이미지를 만들어 줘. / 그림을 그려 줘.

> 엄마가 5살 딸아이의 손을 잡고 공원을 산책하는 모습을 이미지로 생성해 줘.
> 두 사람은 모두 아시아인이고 행복한 모습이야. 두 사람의 옷차림은 캐주얼한 느낌이고 운동화를 신었어. 엄마는 짧은 단발머리이고 딸은 머리를 양 갈래로 묶었어. 공원에는 봄꽃이 가득 펴 있어.

이해했습니다. 곧 이미지를 생성해 드리겠습니다.

코파일럿

이미지 수정 요청하기

생성된 이미지를 확인했는데 모두 마음에 들지 않는다면 프롬프트를 더욱 구체적으로 입력하거나 요소를 제외 또는 변경해 달라고 요청하면서 수정할 수 있습니다. 챗GPT와 달리 코파일럿은 결과물에서 일부만 수정해 달라고 요청하는 기능을 제공하지 않습니다.

◉ 이렇게 써보세요!

<수정하고 싶은 부분>을 <수정할 부분>으로 변경해서 다시 생성해 줘.

> 화풍을 포토 리얼리즘으로 변경해서 다시 생성해 줘.

 코파일럿
이해했습니다. 곧 이미지를 생성해 드리겠습니다.

▶ 결과물의 일부만 수정하고 싶다면 이미지를 저장한 후에 어도비 포토샵 등을 활용하는 방법을 추천합니다.

앞에서 애니메이션 화풍으로 생성된 이미지를 포토 리얼리즘 화풍으로 바꿔 사진 느낌이 나게 다시 제작했습니다. 화풍뿐만 아니라 구도나 색상 등의 요소도 모두 바뀐 것을 확인할 수 있습니다.

업로드한 이미지를 참고해 생성하기

또한 기존 이미지를 복사해서 붙여 넣거나 업로드한 이미지에 기반해서 다양한 스타일로 새로운 이미지를 생성할 수 있습니다.

<업로드한 이미지>를 참고해서 이미지를 만들어 줘. / 그림을 그려 줘.

> 업로드한 수묵화 이미지의 화풍을 참고해서
> 노인이 쓸쓸해하는 모습을 그려 줘.

코파일럿 그림을 그려보겠습니다.

코파일럿으로 이미지를 생성할 때에도 프롬프트 내용을 구체적이고 명확하게 작성하는 것이 중요합니다. 스타일, 색상, 분위기 등을 추가로 지정하면 원하는 이미지를 더욱 쉽게 생성할 수 있습니다.

> 40대 남성이 벽에 기대 앉아 있는 모습을 이미지로 생성해 줘. 그는 지친 모습이고
> 고개를 푹 숙이고 있어. 옷은 조금 지저분한 상태이고 전체적으로 어두운 느낌이
> 야. 포토 리얼리즘 화풍으로 만들어 줘.

코파일럿 이해했습니다. 이미지를 생성해 보겠습니다.

이번에는 **03-1절 전문가 스타일 글쓰기 기법**에서 다룬 생성형 AI를 활용해 '2023통계 국민 삶의 질 가족 공동체 요약'이라는 주제로 작성한 블로그 글에 코파일럿으로 만든 사진을 삽입해 보겠습니다.

2023통계 국민 삶의 질 가족 공동체 요약

통계청에서 제공하는 '국민 삶의 질' 문서는 국민의 삶을 질적인 측면에서 전반적으로 진단할 수 있는 중요한 자료입니다. 그 중에서도 12~15장에 해당하는 "가족·공동체" 영역의 주요 통계 내용과 그 의미를 쉽게 풀어보았습니다.

1. 독거노인 비율 : 2023년 독거노인 비율 21.1%, 전년 대비 0.2%p 증가

한국 사회에서 저출산과 고령화 현상이 진행됨에 따라, 노인 인구 중 혼자 생활하는 비율이 점차 증가하고 있습니다. 이는 사회적 지원과 정책의 필요성을 강조합니다.

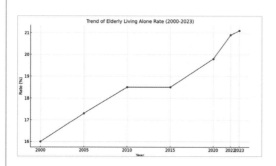

여기 2000년부터 2023년까지의 독거노인 비율 변화 추세를 보여주는 그래프입니다. 그래프에서 볼 수 있듯이, 이 비율은 연도별로 점진적으로 증가하고 있으며, 2023년에는 21.1%로 눈에 띄게 상승했습니다. 이 시각적 표현은 독거하는 노인 인구가 점차 증가하고 있음을 강조하며, 이에 대한 사회적 지원과 정책의 필요성을 부각시킵니다.

(... 생략 ...)

앞으로도 지속적인 연구와 정책 개발을 통해 이러한 긍정적인 추세를 더욱 강화하고, 사회적 고립과 같은 문제에 대응할 수 있는 방안을 모색해야 할 것입니다 코파일럿으로 생성한 이미지를 블로그 포스트에 삽입해 보았습니다. 이렇듯 이미지를 삽입하면 텍스트만 있을 때보다 가독성이 좋아져 글이 더욱 쉽게 읽힙니다.

알아 두면 좋아요! **알아 두면 좋아요! 코파일럿이 생성한 이미지 왼쪽 아래에 있는 로고의 정체**

GPT-4와 달리 코파일럿에서 이미지를 생성하면 왼쪽 아래에 디자이너 로고(워터마크)가 작게 들어가 있습니다. 이 디자이너 로고는 생성형 AI로 만든 이미지라는 것을 나타냅니다.

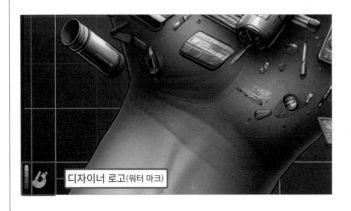

디자이너 로고(워터 마크)

블로거는 글도 써야 하고 이미지를 직접 촬영하거나 제작해서 사용하려면 시간과 노력이 많이 듭니다. 그럴 때 생성형 AI를 이용하면 일을 수월하게 할 수 있습니다. 프롬프트 창에 입력하는 것만으로도 특정한 이미지를 빠르게 만들어 낼 수 있으니, 이는 블로거가 자신의 콘텐츠를 더욱 돋보이게 할 수 있는 정말 멋진 방법이죠.

참고로 이미지를 블로그 포스트에 삽입할 때는 위치 선정이 중요합니다. 이미지는 관련 텍스트 내용 가까이에 배치해야 하며, 독자의 읽기 흐름을 방해하지 않는 것이 중요합니다. 또한 이미지는 글의 특정 부분을 강조하거나 독자가 내용을 더 쉽게 이해할 수 있도록 도와야 합니다.

이처럼 이미지를 효과적으로 사용함으로써 블로거는 독자에게 더 풍부하고 몰입감 있는 경험을 제공할 수 있습니다.

캔바와 망고보드로 이미지 생성부터 디자인까지!

#캔바 #망고보드 #텍스트를이미지로 #온라인디자인도구 #GPTs탐색 #텍스트를비디오로

예전에는 섬네일이나 카드 뉴스를 만들 때 주로 포토샵을 사용
했습니다. 그러나 요즘은 웹 브라우저나 모바일 앱으로도 다양
한 작업물을 만들 수 있습니다. 블로그에서 활용할 이미지도 손
쉽게 만들 수 있죠. 대표적인 이미지 생성 도구로 캔바(Canva)
와 망고보드(mangoboard)를 소개합니다.

캔바 로고

망고보드 로고

캔바나 망고보드에서는 생성형 AI로 이미지를 만들 뿐 아니라 추가로 디자인 요소 편집이나
템플릿 적용까지 한곳에서 끝낼 수 있다는 게 큰 장점입니다. 먼저 캔바를 활용해 보겠습니다.

하면 된다! ▶ 캔바로 이미지 만들기

캔바에서는 매직 미디어(magic media) 기능으로 생성형 AI 이미지를 만들 수 있습니다. 이
기능은 캔바와 런웨이(Runway)의 협업으로 제공되며, 프롬프트를 입력하는 것만으로도 이
미지와 비디오를 생성할 수 있습니다. 무료로 사용한다면
매월 50크레딧으로 제공됩니다.

▶ 50크레딧이란 사진은 50회, 동영상
은 5회를 뜻합니다.

캔바 웹 사이트(canva.com/ko_kr)

1. 우선 캔바(canva.com/ko_kr)에 로그인합니다. 캔바의 첫 화면에서 ❶ [디자인 만들기]를 클릭하고 ❷ 원하는 종류 또는 크기를 선택합니다. 내용이 간단하므로 [화이트보드]를 선택합니다.

2. 왼쪽 메뉴에서 ❶ [앱]을 클릭하고 ❷ 검색 창에 magic media를 입력합니다. ❸ [Magic Media]를 선택해서 앱을 추가합니다.

3. [Magic Media]에서는 이미지, 그래픽, 동영상을 만들 수 있습니다. 일단 이미지를 만들어 볼게요. ❶ [이미지]를 선택하고 ❷ 프롬프트 창에 만들고 싶은 이미지를 입력합니다. 여기에서는 나무 테이블에 올려놓은 화려한 딸기 생일 케이크라고 입력했습니다.

4. ❶ [스타일]에서 이미지 화풍(수채화 필름, 네온, 컬러 연필, 레트로 등)을, ❷ [가로세로 비율]에서 이미지 형태(정사각형, 가로형, 세로형 등)를 선택합니다. 여기에서는 각각 [3D], [가로형]을 선택하고 마지막으로 ❸ [이미지 생성]을 클릭합니다.

5. 이미지가 만들어집니다. 만약 결과물이 마음에 들지 않는다면 [다시 생성하기]를 클릭해 보세요.

결과물이 마음에 들지 않으면 클릭

6. 마음에 드는 이미지를 기준으로 재생성하는 방법을 알려 드릴게요. 왼쪽 창의 [이미지] 탭에서 ❶ 마음에 드는 이미지를 골라 오른쪽 위에 있는 ⋯ 아이콘을 클릭해 ❷ [비슷한 이미지 더 생성하기]를 선택하세요. 그럼 유사한 이미지를 더 생성할 수 있습니다.

하면 된다! ▶ 챗GPT에서 캔바로 블로그 섬네일 만들기

챗GPT에서는 캔바에 회원 가입을 하지 않아도 GPT 탐색 기능을 이용해서 블로그 섬네일을 만들 수 있습니다.

▶ GPT 탐색은 특정 작업이나 주제에 맞게 지침, 지식, 기능을 조합하여 사용자가 직접 만드는 챗GPT의 맞춤형 버전입니다. GPT 탐색 기능을 이용하는 방법은 생략합니다.

1. 챗GPT에서 캔바를 사용해 블로그 섬네일을 만들어 보겠습니다. 챗GPT 화면의 왼쪽 메뉴에서 [GPT 탐색]을 클릭합니다.

2. ❶ 검색 창에 canva를 입력하고 ❷ [Canva]를 선택합니다. 캔바 창이 나타나면 하단에서 ❸ [채팅 시작]을 클릭합니다.

3. 이제 본격적으로 캔바를 사용해 보겠습니다. ❶ 캔바 프롬프트 창에 원하는 섬네일 내용을 구체적으로 입력하고 ❷ ⬆을 클릭합니다.

다음 조건에 맞는 섬네일 제작.
- 주제: 연남동에서 가장 분위기 좋은 카페 리뷰
- 강조 포인트: 커피

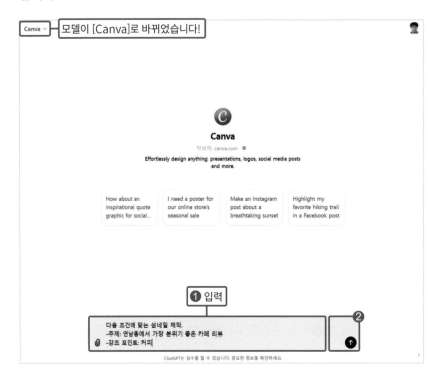

4. 만약 처음 채팅을 한다면 [허용하기]를 누르세요.

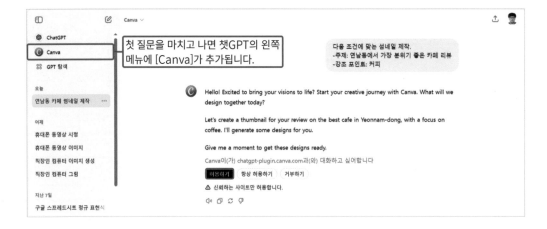

5. 챗GPT에서 캔바가 완성한 이미지를 확인할 수 있습니다. 이때 이미지 하단에서 [디자인 편집하기]를 클릭하면 캔바 웹 사이트로 연결되어 텍스트 스타일이나 이미지 등을 바꿀 수 있습니다.

6. 캔바 웹 사이트에서는 분위기 좋은의 글자 색깔을 전체 이미지에 어울리게 바꾸고, 서울을 연남동으로 수정했습니다.

7. 완성한 이미지를 내려받으려면 ❶ 캔바의 화면 오른쪽 상단에서 [공유 → ❷ 다운로드]를
클릭하고 ❸ [파일 형식]을 PNG로 선택한 후 ❹ [다운로드]를 누릅니다.

8. 챗GPT에서 캔바를 이용해 카페를 주제로 한 블로그 섬네일을 완성했습니다.

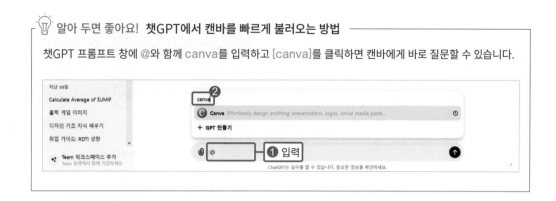
하면 된다! } 망고보드로 이미지 만들기

망고보드의 기능은 캔바와 비슷하지만 국내 서비스이므로 우리나라 분위기에 맞는 디자인을 찾을 수 있습니다. 망고보드는 회원 가입을 하지 않아도 무료로 사용할 수 있지만 AI 이미지 만들기 기능은 1일 5회로 한정되어 있습니다.

1. 망고보드(mangoboard.net)에 로그인하고 [시작하기]를 클릭해 에디터를 실행합니다.

2. 다양한 템플릿이 있습니다. 일단 생성형 AI를 활용해서 이미지를 제작할 것이므로 [빈 슬라이드]를 선택합니다.

3. ❶ 화면 왼쪽에서 [AI] 탭을 클릭한 뒤 ❷ [AI 이미지 만들기]를 누르고 ❸ 만들고 싶은 이미지의 카테고리를 선택합니다. 여기에서는 [인물사진]에서 [연령별 여성사진]을 선택했습니다.

▶ [인물 사진]의 카테고리는 일반 인물 사진, 연령별 여성과 남성 사진, 라인 아이콘, 플랫 아이콘, 동화 일러스트 등 다양하게 구성되어 있습니다.

4. ❶ 프롬프트 창에 원하는 이미지를 구체적인 키워드로 묘사합니다. 프롬프트는 50자 제한이 있으므로 문장보다 키워드로 입력하는 것이 좋습니다. 이어서 ❷ [크기/비율]을 정사각형, 가로형, 세로형 가운데 선택합니다. 여기에서는 [가로형]을 사용하겠습니다.

만약 제외할 요소가 있다면 이 토글을 클릭해 활성화하고 아래 빈 상자에 입력해 줍니다.

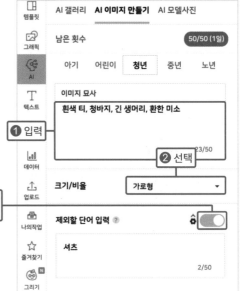

5. ❶ [고급 설정]에서 [외모 변경, 시점 변경, 색감 변경, 포즈]를 각각 선택합니다 설정을 모두 마쳤다면 ❷ [이미지 만들기]를 클릭합니다.

만들고 싶은 이미지 카테고리에 따라 [고급 설정]의 세부 요소가 달라집니다.

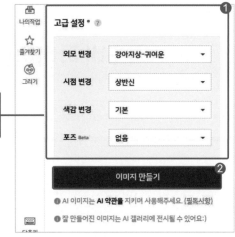

6. 만든 이미지는 ❶ [업로드] 탭에서 확인할 수 있습니다. 결과물이 만족스러우면 ❷ [원본 유지하며 내용 수정하기] 토글을 클릭해 활성화합니다. 이렇게 하면 전체 스타일은 유지하면서 이미지를 더 생성할 수 있습니다. 이때 입력되어 있는 프롬프트는 지우지 말고, 이어서 키워드를 추가로 입력한 뒤 ❸ [다시 만들기]를 클릭합니다.

04-4 어도비 파이어플라이로 이미지 만들기

#파이어플라이 #텍스트를이미지로 #콘텐츠자격증명

어도비 파이어플라이(Adobe Firefly)는 인공지능에 기반하여 이미지를 생성
해 주는 도구로, 텍스트를 입력하면 그에 맞는 이미지를 자동으로 만들어 줍니
다. 파이어플라이는 웹 버전과 데스크톱 앱 버전이 있습니다.

무료로 사용할 수 있는 웹 버전에서는 매달 25크레딧을 제공하며 이미지를 생
성할 때마다 1크레딧씩 차감합니다. 데스크톱 앱은 어도비 크리에이티브 클라

파이어플라이
로고

우드를 구독해야만 사용할 수 있습니다. 여기에서는 웹 버전 파이어플라이로 이미지를 만들
어 보고 활용 방법을 알아보겠습니다.

하면 된다! ┆ 웹 버전 파이어플라이로 이미지 만들기

1. PC에서 어도비 파이어플라이(firefly.adobe.com)에 접속해 로그인합니다.

2. 만들고 싶은 이미지를 설명하는 텍스트를 메인 화면의 프롬프트 창에 입력합니다. ❶ 여기서는 하늘을 나는 고양이, 행복한 모습, 뭉게구름, 수채화를 입력하고 ❷ [생성하기]를 클릭합니다.

3. 이미지 4개를 생성해서 미리 보기로 보여 줍니다. 그중에서 마음에 드는 이미지를 선택해서 볼 수 있습니다.

4. ❶ [편집 → ADOBE EXPRESS에서 더 작업하기]를 선택하면 [필터 및 조정 적용, 배경 제거, 텍스트 추가 등]을 할 수 있습니다. 여기서는 ❷ [텍스트 추가 등]을 선택하겠습니다.

▶ ADOBE EXPRESS 프로그램을 설치하지 않아도 웹 버전에서 파이어플라이를 이용할 수 있습니다.

5. ❶ 고양이를 입력하고 생성한 이미지를 꾸며 보세요. 화면 왼쪽의 ❷ [디자인 요소] 탭에서 ❸ 하트 오브젝트를 추가로 넣을 수 있습니다.

6. 이렇게 생성된 이미지는 다른 이미지를 만들 때 참고할 수 있습니다. 생성한 이미지에 마우스 커서를 가져가면 여러 버튼이 나옵니다. 이때 [편집 → 생성형 채우기/비슷한 것 만들기/구성 참조로 사용/스타일 참조로 사용]을 선택하면 기존 이미지를 기준으로 수정할 수 있습니다. 여기에서는 ❶ [편집]에서 ❷ [비슷한 것 만들기]를 선택하고 ❸ [유화]를 클릭합니다.

7. 원본 이미지에 유화 스타일 효과를 추가해서 비슷하게 만들었습니다

원본 이미지

[비슷한 것 만들기]로 유화 스타일 효과를
추가한 결과

8. 이미지를 다 만들었다면 화면 상단에서 ❶ 저장 아이콘 ⬇ 또는 [다운로드]를 선택해 저장합니다. ❷ 콘텐츠 자격을 증명하는 [AI의 투명성 제고]의 내용을 확인하고 ❸ [닫기]를 클릭하세요.

하면 된다! ⟩ 파이어플라이로 만든 이미지 수정하기

파이어플라이에서는 이미지 생성 외에도 왼쪽 설정 창에서 이미지를 다양하게 수정할 수 있습니다.

1. 앞서 만든 이미지를 띄운 상태에서 ❶ [일반 설정]의 [가로세로 비율]을 [와이드스크린(16:9)]로 바꿉니다. 이어 ❷ [효과 → 인기 항목]에서 [겹겹이 쌓인 종이 효과]를 선택하고 ❸ 프롬프트 창에서 [생성하기]를 누릅니다.

▶ [생성하기]를 클릭하고 나서 다시 누르면 크레딧이 차감되므로, 주의하세요!

2. 이렇게 원하는 설정을 추가해 재생성하면 알맞은 이미지를 만들 수 있습니다.

가로세로 비율을 16:9로 변경하고 겹겹이 쌓인 종이 효과를 적용해 재생성한 이미지

이처럼 어도비 파이어플라이는 다른 생성형 AI보다 구체적인 설정 메뉴를 제공합니다. 또한 기존 이미지의 스타일이나 구도를 참고할 수 있어서 활용도가 높습니다. 파이어플라이는 기본으로 제공하는 기능만으로도 콘텐츠를 쉽게 만들 수 있다는 게 큰 장점입니다.

파이어플라이의 이런 기능은 포토샵에서도 곧바로 사용할 수 있도록 추가되었습니다. 포토샵의 도구 상자에서 이미지 생성 아이콘 을 선택하거나 빈 레이어 상태에서 상황별 작업 막대의 [이미지 생성]을 클릭하면 이 기능을 이용할 수 있습니다.

포토샵의 이미지 생성 기능

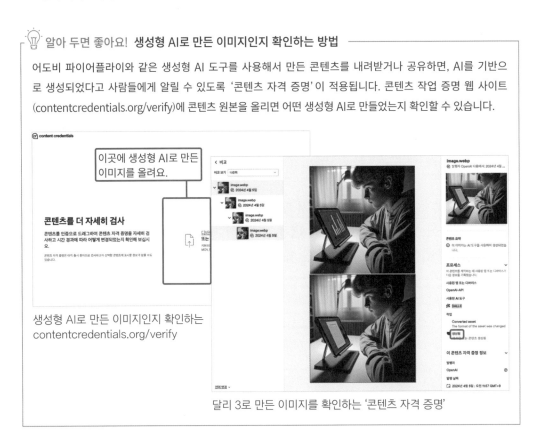

04-5 포토샵의 이미지 생성 기능으로 사진 수정하기

#포토샵 #생성형확장기능 #개체삭제하기 #수직수평보강하기 #배경바꾸기 #개체추가하기

블로그 포스트에서는 이미지를 모두 생성형 AI로 만드는 것보다 직접 촬영한 사진을 함께 사용하는 것을 추천합니다. 사진은 생성형 AI로 만든 이미지와 달리 고유하며 현실적인 느낌을 전달할 수 있기 때문입니다. 특히 특정 상황이나 장소를 정확하게 담아낼 수 있고 개인의 경험과 감정을 그대로 나타내는 장점이 있습니다.

다만 초보자는 사진 촬영에 어려움을 겪을 수 있습니다. 말하고자 하는 의도가 무엇인지 명확하지 않은 사진도 많고, 구도가 좋지 않거나 지저분한 배경 때문에 포스팅 자체를 포기하는 경우도 종종 볼 수 있습니다. 이럴 때는 피사체만 대강 맞춰서 사진을 찍고 나서 포토샵의 생성형 AI 기능을 활용해 수정하면 됩니다. 여기에서는 포토샵의 생성형 AI 기능으로 사진을 수정하는 5가지 방법을 알아보겠습니다.

포토샵의 생성형 AI 기능으로 사진을 수정하는 5가지 방법

① 사진 규격 바꾸기 ④ 배경 바꾸기
② 개체 삭제하기 ⑤ 개체 추가하기
③ 수직·수평 보정하기

포토샵 2024 버전 이후부터 제공하는 생성형 AI 기능을 사용하면 사진에 개체를 추가·제거할 수 있고 배경을 바꾸거나 확장하는 등 다양한 작업을 손쉽게 할 수 있습니다. 실제로 찍은 사진처럼 현실감을 유지하면서도 부족한 부분을 보완해서 전문가 수준의 결과물을 얻을 수 있습니다.

▶ 포토샵 2024 버전은 어도비 파이어플라이를 기반으로 한 생성형 AI 기능을 제공합니다.

포토샵은 전체 기능을 7일 동안 무료로 체험할 수 있는 구독 서비스를 제공합니다. 그러므로 먼저 무료로 체험해 보고 나서 유료로 전환하는 것을 추천합니다.

하면 된다! ⟩ 사진 규격 바꾸기

인스타그램 스토리나 숏폼 콘텐츠에 사용할 이미지는 세로 사진이 유리하지만, 블로그 포스트에는 가로 모드가 더 적합합니다. 포토샵의 생성형 확장 기능을 사용하면 세로 모드로 촬영한 이미지의 좌우 영역을 확장해서 가로형 사진으로 변형할 수 있습니다. 반대로 가로 모드 사진도 상하 영역을 확장하면 세로형 사진으로 만들 수 있습니다.

▶ 이번 실습은 포토샵에 생성형 AI 기능을 추가한 2024 버전을 사용해야만 따라 할 수 있습니다.

1. 포토샵을 실행하고 `Ctrl` + `O`를 눌러 편집할 이미지를 불러옵니다.

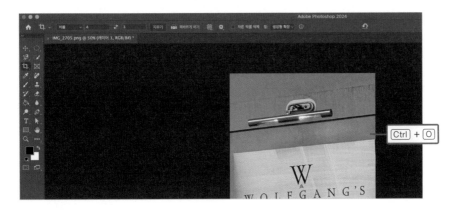

2. ❶ 화면 왼쪽의 [도구 상자]에서 [자르기 도구 ![icon]]를 클릭하고 ❷ 캔버스의 테두리 핸들을 좌우로 드래그해 배경을 확장합니다. 이런 식으로 이미지를 확장하고 싶은 만큼 상하좌우에 공간을 추가하세요.

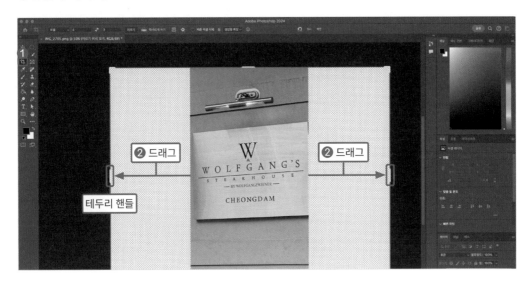

3. 조금 더 정확하게 하려면 화면 상단의 작업 막대에서 [비율]을 조절합니다. 추천하는 비율은 1:1, 4:3, 3:2, 16:9입니다. 여기에서는 4:3을 선택하겠습니다.

4. 빈 공간을 만들었다면 아무 곳이나 더블클릭하거나 [Enter]를 누릅니다.

5. 화면 오른쪽에 있는 [속성] 패널에서 배경이 확장된 이미지 3컷을 미리 볼 수 있습니다. 그중에 마음에 드는 이미지를 선택하면 됩니다.

생성형 AI로 배경을 확장하면 실제 사진으로 촬영한 듯한 디테일을 느낄 수 있습니다. 벽에 묻은 얼룩도 자연스럽게 표현한 것을 확인할 수 있습니다.

배경이 확장된 이미지 3컷

만약 마음에 드는 이미지가 없다면 이미지 밑에 있는 상황별 작업 막대에서 [생성]을 클릭해 추가로 요청할 수 있습니다. 원하는 스타일이나 방향을 구체적으로 요청하고 싶다면 [프롬프트 추가...]를 클릭해 내용을 입력한 뒤 [생성]을 클릭하면 됩니다.

6. 마지막으로 [파일 → 내보내기 → PNG으(로) 빠른 내보내기]를 클릭해서 저장합니다. 다른 파일 형식으로 저장하고 싶다면 내보내기 형식을 바꾸세요.

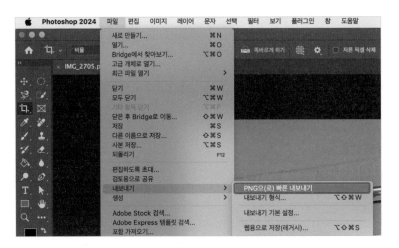

이렇게 하면 세로 모드로 촬영한 사진도 블로그 포스트에 적합한 가로 모드로 변환할 수 있습니다. 이러한 기능은 이미지의 중요한 부분을 잘라 내지 않고도 블로그의 레이아웃에 맞게 조절할 수 있어서 알아 두면 매우 유용합니다. 또한 이미지의 주요 내용을 유지하면서도 배경 요소를 추가로 삽입해서 콘텐츠를 깔끔하게 구성할 수 있습니다.

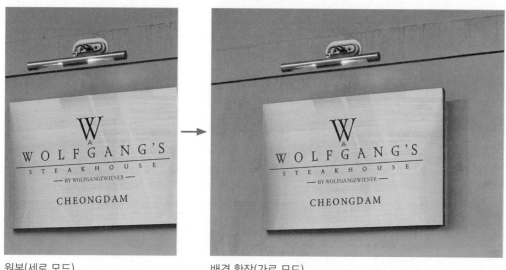

원본(세로 모드)   배경 확장(가로 모드)

이렇듯 포토샵에서 제공하는 이미지 생성 기능을 이용하면 이미지의 주요 내용을 손상하지 않으면서도 세로 모드에서 가로 모드로 배경을 확장할 수 있습니다. 이 기능은 이미지의 전체 구성을 향상하는 데 도움이 되니 꼭 활용해 보기 바랍니다.

> 🔅 알아 두면 좋아요! **[생성형 확장] 레이어의 기능**
>
> 생성형 AI가 만든 요소는 원본 이미지의 상위 레이어(layer)로 생성됩니다. 포토샵에서 레이어는 이미지를 구성하는 층을 여러 겹 쌓는 역할을 합니다. 레이어는 각각 편집할 수 있어서 전체 이미지에 영향을 주지 않고 특정 부분만 수정할 수 있습니다.
>
> 만약 생성형 AI로 만든 레이어를 사용하지 않는다면, 오른쪽 아래 레이어 영역에서 마스크로 생성된 부분을 선택한 뒤, 맨 아래 휴지통 아이콘 🗑 으로 드래그 & 드롭하여 삭제하면 됩니다.
>
>

하면 된다! › 불필요한 개체 삭제하기(인물 등 지우기)

맛집, 관광 명소 등을 주제로 블로그 글을 쓰는 분들이 공통으로 하는 고민이 있습니다. 바로 인기 있는 곳을 방문할 때 사진 촬영하기가 쉽지 않다는 것인데요. 사람들로 붐비는 장소에서는 원하는 사진을 얻기란 매우 어렵습니다. 이럴 때 포토샵에서 생성형 AI 기술을 활용하여 사진에서 인물을 제거하거나 피사체를 강조해 보세요. 사진의 주요 특징을 유지하면서도 불필요한 요소를 효과적으로 제거할 수 있는 방법을 알려 드리겠습니다.

1. ❶ 포토샵을 실행하고 Ctrl + O를 눌러 작업할 사진을 불러옵니다. ❷ 도구 상자에서 [개체 선택 도구 🔲]를 클릭하고 ❸ 삭제할 인물을 드래그하여 선택합니다. [개체 선택 도구]는 개체를 자동으로 인식해 주므로 지우고 싶은 부분을 빠르게 선택할 수 있습니다. 1명씩 지우면 시간이 많이 걸리므로 상단 메뉴에서 [선택 영역에 추가 🔲]를 클릭해 한꺼번에 선택하면 편리합니다.

▶ 삭제할 개체를 직접 선택하고 싶다면 [올가미 도구 🔲]나 [윤곽 도구 🔲]를 사용해도 됩니다.

2. [개체 선택 도구]로 인식되지 않은 개체는 따로 [올가미 도구]를 이용해 선택합니다. ❶ [올가미 도구 🔲]를 클릭하고 ❷ 사진에서 지울 인물을 드래그하여 영역을 지정해서 선택합니다.

3. 선택한 인물들의 테두리까지 깔끔하게 제거하겠습니다. ❶ 상단 메뉴에서 [선택 → 수정 → 확대...]를 클릭하고 ❷ [확대량]에 10을 입력한 후 ❸ [확인]을 클릭합니다.

4. 제거할 영역을 모두 잘 선택했는지 확인하고, 이미지 아래 상황별 작업 막대에서 [생성형 채우기]를 클릭합니다.

5. 상황별 작업 막대에서 아무것도 입력하지 않고 [생성]을 클릭합니다.

6. ❶ 미리 보기 이미지 3컷은 상황별 작업 막대에서 확인하거나 **❷** 화면 오른쪽에 있는 [속성] 패널에서 미리 보기를 할 수 있습니다.

7. 어색한 부분이 있다면 선택해서 추가 작업을 합니다. 이번 이미지에서는 오른쪽 아래 영역이 어색해서 수정해 보겠습니다. **❶** 추가로 작업할 영역을 선택하고 **❷** 상황별 작업 막대에서 [생성]을 클릭한 뒤 **❸** 프롬프트 창에 나무 벤치를 입력해 벤치 요소를 생성했습니다 .

8. 추가로 요소를 수정하고 [파일 → 저장] 또는 [파일 → 내보내기→ JPG으(로) 빠른 내보내기]
를 눌러 편집한 결과물을 저장합니다.

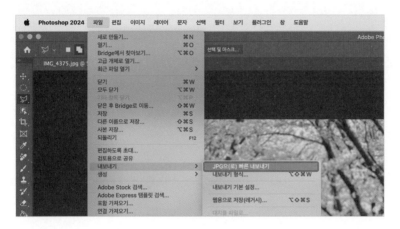

왼쪽은 사람이 많아 혼잡한 원본 이미지이고, 오른쪽은 생성형 AI를 활용하여 원본 이미지에
서 사람들을 비롯해 불필요한 요소를 지운 결과물입니다. 이렇게 수정하니 피사체에 초점이
맞춰져 의도에 맞는 사진으로 바뀌었네요.

원본 이미지

개체를 제거한 최종 결과물

이처럼 포토샵의 생성형 AI 기능을 활용한 개체 제거하기에서 인물 지우기 방법을 활용하면
장소의 아름다움을 강조하면서도 방문자의 경험을 생생하게 전달하는 고품질 이미지를 생성
할 수 있습니다. 또한 사생활 보호와 저작권 문제를 해결하는 데에도 도움이 될 수 있습니다.

하면 된다! ▸ 기울어진 사진 수직·수평 보정하기

사진 촬영에서 수직과 수평을 맞추는 것만으로도 이미지의 전문성과 시각적 안정성을 높일 수 있습니다. 사진에서 수직과 수평이 잘 맞으면 균형이 잘 잡혀서 모든 요소가 조화로워 보입니다.

구도를 맞추고 촬영하는 것이 가장 이상적이지만, 그렇지 못하더라도 포토샵을 사용하면 충분히 조절할 수 있습니다. 평소에 사진 찍는 게 자신 없다면 포토샵의 생성형 AI 기능을 이용해서 수직과 수평을 간단히 조절해 보세요.

▸ 사진 촬영에서 수평과 수직을 맞출 때에는 카메라 로(camera raw) 기능을 활용하여 섬세하게 조절할 수 있습니다.

1. ❶ 포토샵을 실행하고 수평과 수직을 맞출 사진을 불러옵니다. ❷ [필터 → Camera Raw 필터...]를 선택합니다.

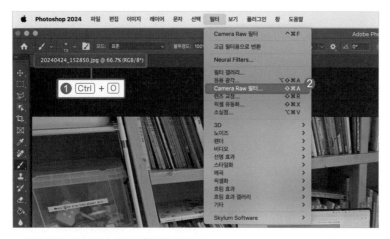

▸ 팝업 창이 나타나면 [시작하기]를 클릭합니다.

2. ❶ [도형 도구 ▦]를 클릭해서 [재설정 도형] 패널을 불러옵니다. 이 패널에서는 5개의 [Upright] 모드(자동, 레벨, 수직, 전체, 안내) 가운데 선택해서 사용할 수 있습니다. 사진에 적용할 모드를 클릭합니다. ❷ 여기에서는 가장 오른쪽에 있는 마지막 [안내 ▦]를 선택했습니다. 어떤 모드를 선택해야 할지 막막하다면 하나씩 사용해 보면서 수평과 수직이 가장 잘 맞는 것으로 결정해도 됩니다.

3. 사진에서 수평을 맞출 중심 개체를 둘러싸는 안내선을 하나씩 드래그해 추가합니다. 안내선은 최소 2개, 최대 4개까지 그릴 수 있으며, 생성한 안내선에 맞춰 사진의 수평과 수직이 변형됩니다.

4. ❶ [부분 확대]에 체크 표시하거나 [수동 변환] 목록에서 값을 직접 설정하면서 사진을 보정할 수 있습니다. ❷ 오른쪽 하단에 있는 [확인]을 클릭해 보정한 값을 저장합니다.

5. 수정을 완료한 사진은 일부가 변형되면서 빈 영역이 생길 수 있습니다. 앞 실습을 참고해 ❶ 해당 영역을 [올가미 도구] 등으로 선택하고 ❷ 상황별 작업 막대에서 [생성형 채우기]를 클릭합니다.

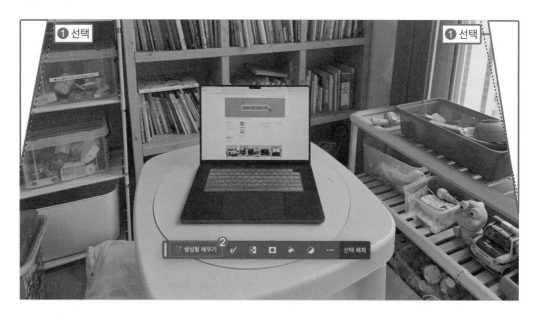

6. 생성된 이미지 3컷은 상황별 작업 막대나 화면 오른쪽 [속성] 패널에서 미리 보기로 살펴본 뒤 마음에 드는 이미지를 선택합니다.

▶ 더 수정할 부분이 있다면 상황별 작업 막대 또는 [속성] 패널에 있는 프롬프트 창에 원하는 내용을 입력하고 [생성]을 클릭하면 됩니다.

7. 보정한 사진이 마음에 들면 [파일 → 저장] 또는 [파일 → 내보내기 → JPG(으)로 빠른 내보내기]를 눌러 편집한 결과물을 저장합니다.

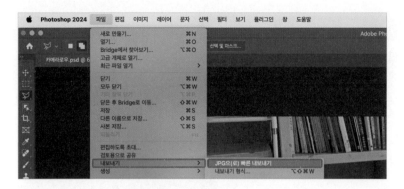

하면 된다! ▶ 배경 바꾸기

제품 리뷰 사진에서 배경이 지저분하면 전문성이 떨어져 보이고 제품을 향한 관심이 흐려질 수 있습니다. 깔끔하고 제품의 용도와 어울리는 배경은 제품을 더욱 돋보이게 하고 리뷰어의 신뢰도를 높이는 데 도움을 줍니다. 처음부터 깔끔한 배경에서 사진을 찍는 것이 가장 좋지만, 상황이 그렇지 못하다면 포토샵의 이미지 생성 기능을 활용해 배경 바꾸기를 할 수 있습니다.

1. ❶ 포토샵을 실행해서 편집할 사진을 불러옵니다. 여기에서는 앞서 편집한 노트북 이미지를 열었습니다. ❷ [개체 선택 도구]로 ❸ 노트북을 클릭해 선택합니다.

▶ 피사체를 가장 쉽게 선택할 수 있는 방법은 선택 도구를 클릭하면 나타나는 상황별 작업 막대에서 [피사체 선택]을 클릭하는 것입니다. 만약 피사체를 제대로 인식하지 못한다면 [올가미 도구]로 필요한 곳만 직접 지정해도 됩니다.

2. ❶ 상황별 작업 막대에서 [반전 ]을 클릭해 ❷ 노트북을 제외한 배경을 선택합니다. 피사체인 노트북을 제외한 배경을 바꾸기 위해 ❸ [생성형 채우기]를 클릭합니다.

3. 프롬프트 창에 바꿀 배경 이미지 내용을 입력합니다. 여기에서는 ❶ 대리석 테이블 배경이라고 입력하겠습니다. ❷ [생성]을 클릭하면 다음과 같이 대리석 배경이 적용된 이미지로 바뀝니다.

▶ 상황별 작업 막대와 화면 오른쪽의 [속성] 패널에서 미리 보기 이미지 3컷을 확인할 수 있습니다. 마음에 드는 이미지가 있으면 선택하고, 없다면 [생성]을 한 번 더 클릭하거나 프롬프트 내용을 바꿔서 다시 생성해 보세요.

4. 대리석 배경이 노트북을 덮는 부분이 있다면 ❶ 대리석 레이어의 [레이어 마스크 축소판]을
클릭하고 ❷ 상황별 작업 막대에서 [마스크에서 빼기]를 선택합니다. ❸ 도구 상자에서 [브러시
도구 ✎]를 선택하고 ❹ 가려진 노트북 부분을 드래그하면 마스크에 가려졌던 해당(노트북) 영
역이 다시 나타납니다.

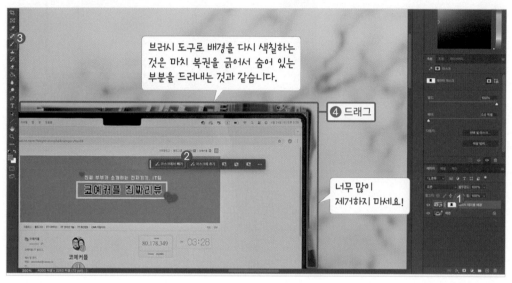

▶ 레이어 마스크란 이미지의 원본을 손상시키지 않으면서 특정 부분을 숨기거나 나타내는 도구입니다. 레이어 마스크가 씌
워진 이미지는 복권에 비유할 수 있습니다. 복권을 긁었을 때 드러난 부분이 원본 이미지라면 원본 이미지를 덮고 있는 부분
이 바로 레이어 마스크죠.

4번 과정에서 노트북 부분을 가린 대리석 레이어 마스크를 지우다가 너무 많은 부분을 지워 버렸다고요? 괜찮습
니다. 우선 [Ctrl] + [Z]를 눌러 실행 취소를 한 뒤 포토샵 왼쪽 상단에서 브러시 설정 창을 열어 보세요. 브러시의
크기를 줄이고 다시 꼼꼼하게 드래그하면 대리석 테이블을 배경으로 하는 깔끔한 노트북 이미지를 얻을 수 있습
니다.

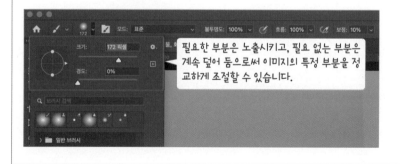

5. 원본 이미지와 완성한 이미지를 비교해 보세요. 잡동사니가 보이지 않는 깔끔한 이미지로 재탄생했습니다.

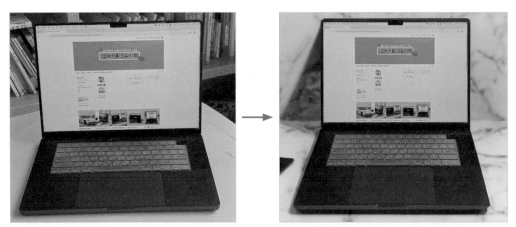

배경이 지저분한 이미지   배경을 바꾸고 수직·수평을 보정한 결과물

하면 된다!〉 개체 추가하기

한 단계 더 나아가 볼까요? 생성형 AI로 만든 배경에 오브젝트를 추가해 보겠습니다.

1. 먼저 모든 레이어를 선택해 마우스 오른쪽 버튼을 누른 뒤 [레이어 병합]을 클릭합니다.

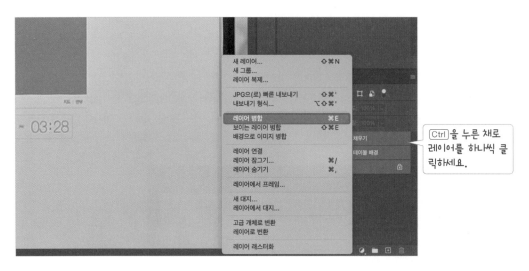

Ctrl을 누른 채로
레이어를 하나씩 클
릭하세요.

2. 도구 상자에서 ❶ [사각형 선택 윤곽 도구 ▦]를 클릭하고 노트북 오른쪽의 일부 영역을 선택한 뒤 [생성형 채우기]를 클릭합니다. ❷ 프롬프트 창에 초록잎이 있는 화분을 입력한 후 ❸ [생성]을 클릭합니다.

3. 상황별 작업 막대에서 미리 보기 이미지를 확인하고 그중에 마음에 드는 것을 선택합니다. [속성] 패널에서 확인해도 됩니다.

4. 완성한 이미지에서 추가로 보정하거나 [파일 → 저장] 또는 [파일 → 내보내기 → JPG(으)로 빠른 내보내기]를 클릭합니다. 여기에서는 [자르기 도구 ]로 이미지를 잘라 낸 뒤 내보내기를 했습니다.

5. 왼쪽이 원본 사진이고, 오른쪽이 수직·수평을 보정한 후 배경 바꾸기와 개체 추가하기로 바꾼 이미지입니다.

원본 이미지   포토샵의 생성형 AI 기능을 적용한 최종 결과물

이처럼 간단하게 프롬프트를 몇 마디 입력하는 것만으로도 원본 이미지와 잘 어우러지는 배경으로 바꿀 수 있습니다. 배경만 바꿔도 고품질의 콘텐츠로 새롭게 만들 수 있습니다.

포토샵의 '참조 이미지 기능'을 사용하면 다른 이미지를 참조하여 비슷한 느낌으로 사진을 만들 수 있습니다. 이 기능은 2024년 9월 기준으로 포토샵 베타 버전에서 이용할 수 있습니다. 참조 이미지를 선택하고 프롬프트를 좀 더 자세하고 표현하면, 내가 원하는 이미지를 바로 생성할 수 있습니다. 여기서는 풍경 사진을 이용해 원본 이미지의 배경을 도시의 노을 배경으로 바꿔 보겠습니다.

원본 이미지

참조 이미지

상황별 작업 막대에서 프롬프트 창 오른쪽에 있는 ❶ 참조 이미지 아이콘 🖼을 클릭합니다. 참조 이미지 창이 나타나면 ❷ [이미지 선택]을 클릭해 참조할 노을 풍경 사진을 선택하고 ❸ [생성]을 클릭합니다.

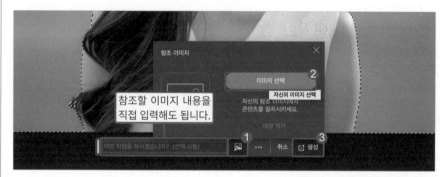

이때 프롬프트 창에 '**노을 배경, 아웃포커싱 효과**'라고 입력하고 배경을 바꾸면 다음과 같이 합성됩니다.

배경을 바꾸어 생성한 이미지

비슷한 이미지를 더 만들고 싶다면, 화면 오른쪽에 있는 [속성] 패널에서 미리 보기 이미지 3컷 중에서 마음에 드는 이미지의 오른쪽 위에 있는 ⋯ 아이콘을 클릭하고 [비슷하게 생성]을 선택하면 됩니다

비슷하게 생성한 이미지 1

비슷하게 생성한 이미지 2

포토샵의 '참조 이미지'와 '비슷하게 생성하기' 기능을 사용하면 배경을 아주 간단하게 바꿀 수 있습니다. 또, 모델의 의상도 원하는 디자인·재질·색상 등으로 선택할 수 있습니다. 두 기능은 활용도가 무궁무진하니 여러분도 이용해 보세요.

코예커플이 추천하는 포토샵의 생성형 AI 기능 활용 방법

사용자가 직접 촬영한 이미지에 생성형 AI를 활용하면 원본 이미지의 독창성은 유지하면서도 필요한 부분만 개선해서 이미지 품질을 전체적으로 향상할 수 있습니다. 예를 들어 이미지의 특정 부분을 강조하거나, 불필요한 요소를 제거하거나, 전체 구성을 개선할 수 있죠. 즉, 생성형 AI는 사용자가 자신의 창의성을 높여서 표현할 수 있도록 도와줍니다.

생성형 AI로 완전히 새로운 이미지를 만드는 것은 특정 상황에서 유용할 수 있지만, 블로그 포스트 전체에 생성형 AI가 만든 이미지만 사용하는 것은 추천하지 않습니다. 왜냐하면 독자에게 글의 진실성을 전해 주기 힘들고 현실감이 떨어질 수 있기 때문입니다. 그래서 코예커플은 앞서 달리 3를 기반으로 생성한 이미지를 블로그 전체에 그대로 삽입하는 것보다, 포토샵과 같은 도구를 사용하여 기존 이미지를 보완하는 방법을 함께 사용하기를 추천합니다.

다음은 생성형 AI로 만든 글을 활용한 블로그 포스팅 예시입니다.

포토샵의 기능을 활용해서 만든 이미지를 삽입한 블로그 포스팅

포토샵의 생성형 AI 기능을 활용해서 이미지를 개선하면 글의 몰입감과 현실감을 높여 주며 블로거만의 독특한 스타일을 유지할 수 있습니다. 또한 이 기능은 이미지의 품질을 향상하고 시각적으로 매력적인 결과물을 만들어 낼 수 있도록 도와줍니다. 평소에 사진을 잘 찍지 못해서 걱정했다면 포토샵의 생성형 AI 기능을 꼭 이용해 보세요.

💡 알아 두면 좋아요! 생성형 AI가 만든 이미지, 손가락이 여섯 개인 이유?

생성형 AI 기술의 발전으로 사실적인 이미지를 쉽게 만들 수 있지만 아직까지 손가락이나 발가락 등 특정 부위가 비현실적으로 표현되기도 합니다. 그 이유는 무엇일까요?

첫째, 데이터의 편향성 때문입니다. 학습 데이터에서 해당 부위의 이미지가 충분하지 않거나 왜곡되어 있으면 정확하게 재현하기 어렵습니다.

둘째, 손가락처럼 움직임이 복잡한 부위를 정확하게 표현하려면 고도화된 모델이 필요합니다. 하지만 이런 모델은 아직까지 완성도가 높지 않으므로 정확도를 높이려면 시간이 필요합니다.

셋째, AI 모델의 학습 목표에 따라 특정 부위의 정확성이 희생될 수 있습니다. 예를 들어 AI 모델이 얼굴의 전체 형태를 중점적으로 학습한 경우에는 손가락이나 눈동자의 세세한 부분을 상대적으로 덜 중요하게 여길 수 있습니다.

이러한 요소들이 결합되어 생성형 AI는 아직까지 인물 이미지의 특정 부위인 손가락 등을 완벽하게 재현하지 못하기도 합니다. 다만 생성형 AI는 계속해서 학습하므로 시간이 지나면 완성도가 점점 높아질 것입니다.

필독! 이런 이미지, 블로그에 올리면 안 돼요!

네이버 블로그는 웹상에서 누구나 볼 수 있는 공간이므로 올리면 절대로 안 되는 이미지가 있습니다. 첫 번째는 **불법이나 유해성 정보를 포함한 이미지**이고, 두 번째는 **저작권 침해 이미지**입니다. 그 밖에 **홍보성 문구 이미지, 내용과 관련 없는 이미지**뿐 아니라 **동일한 이미지**를 재사용해서도 안 됩니다.

1. 불법이나 유해성 정보를 포함한 이미지

네이버 이미지 검색은 불법 및 유해성(음란, 도박, 반사회 등 법률이 금지하는 내용의 이미지) 정보를 차단하기 위해 강력한 필터링을 적용합니다.

코예커플도 이런 부분을 인지하지 못해 해외여행에서 카지노에 들렀던 여행기를 포스팅한 적이 있는데요. 블로그 글 내용이 불법 행위나 유해성 정보는 아니었지만, 불법 도박 등과 연관될 수 있는 사행성 키워드여서 검색에 노출되지 않았던 경험이 있습니다.

또, 유해 이미지를 관리하는 기술로 '스킨 스코어(skin score)'가 있습니다. 스킨 스코어는 사람의 신체 전체나 일부가 이미지에 포함되어 있는지 판별하고, 피부가 노출된 정도를 점수로 환산하는 기술입니다. 이 기술은 노출이 많은 사진을 자동으로 필터링해서 검색 결과에도 보여 주지 않습니다. 정도가 심하면 블로그의 모든 게시물이 검색 결과에서 제외될 수도 있습니다. 이럴 경우에는 회복 불가능한 저품질이라고 보면 됩니다.

물론 스킨 스코어 기술만으로 이미지를 분류하진 않고요. 다양한 인공지능 기술을 기반으로 이미지를 검열하고 있습니다. 자신이 올린 이미지가 유해 이미지로 인식되면 안 되겠죠? 혹시라도 오해할 수도 있는 유해 이미지는 처음부터 올리지 않는 것이 좋습니다.

2. 저작권 침해 이미지

저작권을 침해하는 이미지는 검색 결과에서 제외됩니다. 다른 사람의 사진이나 작품을 무심코 올렸는데 저작권을 침해한 것으로 신고를 당하면 게시가 중단됩니다.

본 게시물은 저작권법 제103조(복제·전송의 중단)에 의거하여 게시 중단(복제·전송의 중단) 되었음을 안내 드립니다.

게시물 제목 : ▓ ▒ ▓▓▓
게시 중단 사유 : 저작권 침해 (게시물에 포함된 저작물에 대해 저작권자로부터 게시중단 요청 접수)
게시 중단 요청자 : 관련 저작권자
게시 중단 일자 : ▓▓▓

▶ 간혹 저작권을 침해한 부분이 없는데 신고를 당할 수도 있는데요. 이런 경우에는 네이버 권리보호 센터(right.naver.com)에 로그인해서 권리 침해 소명을 하면 됩니다.

이렇듯 불법이나 유해성 정보가 포함된 이미지, 저작권 침해 이미지는 네이버에서 꾸준히 필터링해서 검색 결과에 자동으로 노출되지 않도록 막거나 포스트를 비공개로 변환하는 요소로 작용하므로 조심해야 합니다.

3. 그 밖의 이미지

네이버에서 직접, 또는 자동으로 업로드하지 못하도록 막지 않지만 블로그에 올리면 좋지 않은 영향을 미치는 3가지 이미지 유형이 있습니다.

❶ 홍보성 문구 이미지

이미지마다 광고 배너나 문구를 삽입하는 경우도 있는데, 이렇게 하면 독자는 단순 광고 페이지로 인식할 수 있습니다.

이런 이미지는 반복해서 넣지 마세요!

코예 부동산
1234 - 1234

❷ 내용과 관련 없는 이미지

주로 자동화 프로그램으로 만들어 내는 블로그에서 사용합니다. 웹에서 떠돌아다니는 이미지를 블로그 포스트 글과 관련 없는데도 삽입하는 것인데요. 이러한 블로그는 독자의 신뢰도를 떨어뜨리고, 심지어 스팸 블로그로 인식될 수도 있습니다.

❸ 동일한 이미지 재사용

유사도 평가 항목에서 이미지는 미미한 수준이므로 같은 이미지를 몇 번 사용했다고 해서 곧바로 저품질에 걸리지는 않습니다. 하지만 굳이 블로그에 좋지 않은 점수를 쌓을 필요는 없겠지요? 따라서 동일한 이미지는 최대한 사용하지 않는 것이 좋고, 어쩔 수 없다면 포토샵이나 생성형 AI 등을 이용해서 한 번 재가공한 후 사용하는 것이 좋습니다.

원본 이미지

생성형 AI로 가공한 이미지

블로그에서 유튜브까지! AI와 함께하는 브랜딩 확장법 4가지

생성형 AI를 활용하여 글을 쓰고 이미지를 만드는 작업을 하기 전에 내 채널을 어떻게 운영해 나가야 할지 방향 설정을 하는 것이 좋습니다. 어찌 보면 블로그 운영자에게는 이 주제가 더 중요한데 마지막 장에서 다루는 이유는 무엇일까요? 글쓰기에 막혀 블로그를 시작조차 하지 못하는 분들이 많다는 것을 알았기 때문입니다. 04장까지 쭉 읽고 따라 해보았다면 이젠 생성형 AI를 활용한 글쓰기와 이미지 만들기가 그다지 어렵지 않다는 것을 느꼈을 겁니다.

이번 장에서는 채널 브랜딩의 방향 제시와 완성한 포스트를 해외 블로그나 인스타그램 등 SNS 채널에 활용하는 방법까지 알아보겠습니다.

05-1 블로그 브랜딩, 이렇게 시작하세요!

#월천만원 #네이버블로그 #인플루언서 #글쓰기습관 #일정관리 #크리에이터어드바이저

블로그로 월 천만 원 벌기? 과장된 수익을 경계하세요!

블로그를 주제로 한 서적이나 강의에서는 한목소리로 블로그를 하면 단기간에 큰 수익을 낼 수 있다고 이야기합니다. 물론 불가능한 것은 아니지만 대부분 과장이 심하고 일회성 수익을 지속적인 것처럼 꾸미는 경우도 있습니다.

코예커플이 운영하는 블로그의 지향점은 '올바른 방식으로 오랫동안 지속적으로 유지하는 것'입니다. 13년간 IT 블로그를 운영해 오면서 많은 동료들이 블로그 저품질에 빠지는 모습을 봐왔습니다. 대부분 눈앞의 작은 유혹을 이겨 내지 못하고 수억 원 넘는 가치를 지닌 블로그를 잃어버린 것이죠. 소탐대실의 전형적인 예입니다. 이렇듯 잘나가던 블로그도 한순간에 저품질에 빠질 수 있는 것이 네이버 블로그입니다.

블로그는 매력적인 수익 창출 도구입니다. 실제로 코예커플처럼 대형 블로그를 운영한다면 수익을 꽤 얻을 수 있습니다. 그러나 앞서 말했듯 수익을 꾸준히 내는 것은 쉬운 일이 아니며, 블로그 운영에 성공하려면 시간, 노력, 그리고 전략이 필요합니다. 많은 사람이 블로그를 시작하면서 단기간에 높은 수익을 낼 수 있을 것으로 기대하지만, 실제로는 꾸준히 노력하고 인내해야 하는 장기 프로젝트라는 것을 이해해야 합니다.

네이버 블로그에서 개인 브랜딩을 성공하려면 주제를 일관성 있게 선택하고 계속 글 쓰는 연습을 하는 것이 필수입니다. 네이버 블로그는 인플루언서 등의 서비스를 통해 블로거의 전문성을 강조하는 플랫폼이므로 선택한 주제를 깊이 이해하고 전문성을 어필하는 글쓰기가 중요합니다. 한 우물을 파듯 주제에 집중해서 글 쓰는 노력을 해야 한다는 것이죠.

> **블로그 성장 노하우 2가지**
> • 주제 선정 및 타깃 설정하기
> • 글쓰기 습관 들이기

주제 선정 및 타깃 설정하기

자신이 **관심 있고 전문성 있는 분야**를 선택하는 것이 지속 가능한 글쓰기의 핵심입니다. 예를 들어 평소에 누구보다 먹는 것에 진심이라면 맛집이나 요리를 주제로 블로그를 개설하고 그와 관련한 글을 작성하면 됩니다.

코예커플은 데이트 기록으로 블로그를 시작했습니다. 그 당시에는 핵심 주제를 따로 정하지 않은 채 다양하게 글을 썼습니다. 맛집도 소개하고, 물건 리뷰도 쓰고, 여행지 정보도 정리해서 담았습니다.

초기 코예커플 블로그의 콘텐츠

2017년 전문성 있는 블로그로 재탄생해 보고자 두 사람의 공통 관심사인 IT 주제로만 글을 쓰기 시작했습니다. 주제에 맞춰 꾸준히 글을 쓰기 시작하자 방문자 수가 급격히 늘어나는 것을 경험했습니다.

IT 전문 블로그로 재탄생한 코예커플 블로그의 콘텐츠

타깃 독자가 누구인지 분명하게 설정하세요!

누구에게 글을 전달하고 싶은지 타깃 독자를 구체적으로 설정하면 글의 방향과 내용을 명확하게 설정하는 데 도움이 됩니다. 예를 들어 중년을 위한 블로그를 계획한다면, 중년 사이에 유행하는 트로트 관련 프로그램을 주제로 글을 작성할 수 있습니다. 경제에 관심이 많은 20~30대를 타깃으로 한다면 주식이나 암호 화폐 등과 관련한 글이 좋습니다.

하면 된다! ▶ 타깃 독자가 관심 있어 할 주제 찾기 — 크리에이터 어드바이저

예를 들어 블로거 운영자가 자신이 속한 집단을 타깃으로 정한다면(30대 워킹맘 등) 자신이 관심 갖는 주제가 곧 타깃도 관심 있어 할 가능성이 높습니다.

그러므로 자신이 궁금해하는 주제로 블로그 글쓰기를 진행하면 됩니다. 하지만 어떤 것부터 시작해야 할지 막막하다면 네이버 블로그의 [크리에이터 어드바이저] 메뉴를 활용해 볼 것을 추천합니다.

1. 네이버 블로그에 로그인하고 왼쪽 프로필 하단에서 [통계]를 클릭합니다.

2. 왼쪽 메뉴에서 [크리에이터 어드바이저]를 클릭합니다.

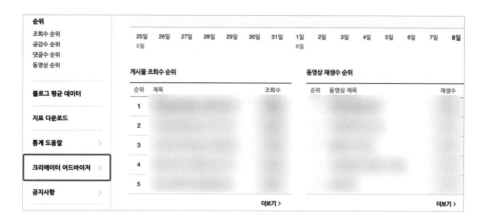

3. [❶ 트렌드 → ❷ 블로그 → ❸ 주제별 인기유입검색어]를 클릭합니다. 주로 IT나 컴퓨터와 관련해서 글을 쓴다면 주제를 [IT·컴퓨터]로 선택합니다. 현재 원고 집필 시점에서 IT, 컴퓨터 주제에서 가장 많이 검색하는 키워드는 '아이폰16'이라 ▶ 만약 선택할 주제가 없다면 맨 오른쪽 는 것을 확인할 수 있습니다. 이와 관련해서 글을 작성한다 에 있는 [주제 설정] 버튼을 클릭해서 추 면 평소보다 많은 조회수를 기록할 가능성이 커집니다. 가할 수 있습니다.

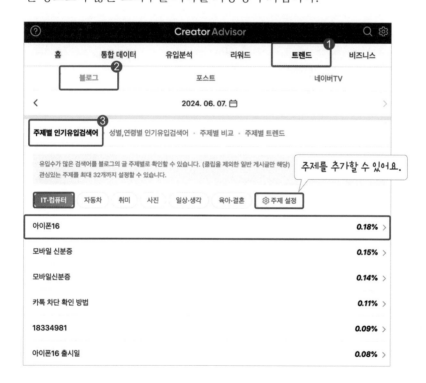

4. [성별, 연령별 인기유입검색어]를 선택하면, 남자 또는 여자가 많이 검색한 주제가 각각 나옵니다. 연령은 사용자 아이디에 맞게 자동으로 설정되어 있습니다. 연령을 바꾸고 싶다면 오른쪽 연령 설정 선택 버튼 ︿ 을 눌러 변경해 보세요.

5. 조건에 맞는 결과가 나옵니다. 20대 여자는 엔터테인먼트 이슈(연애남매, 싸이 흠뻑쇼 등)가 주를 이룹니다. 반면 필터값을 60대 이상 여자로 바꾸자 '오이지 담그는 법', '마늘 장아찌 담그는 법'처럼 주로 요리 레시피와 관련된 주제를 많이 검색한 것을 확인할 수 있었고요. 이를 참고하여 블로그 글을 작성하면 글의 방향성을 명확하게 할 수 있습니다.

20대 초반 여자에게 인기 있는 검색어

60대 여자에게 인기 있는 검색어

경쟁 블로그를 분석해서 차별성을 살리세요!

비슷한 주제를 다루는 다른 블로그를 분석하여 차별화된 포인트를 찾고, 자신만의 강점을 살릴 수 있는 주제를 선택합니다. 만약 맛집을 주제로 한다면 주변의 다른 상위 블로거를 살펴보고 나만의 스타일을 추가해 봅니다. 예를 들어 맛집을 주제로 하더라도 '마포구'에 특화된 블로거라면 해당 지역의 카페, 음식점만 중점적으로 작성할 수 있습니다. 같은 요리 블로거라도 육아 중이라면 아이를 위한 레시피라든가 아이 요리와 부모 요리를 한번에 조리할 수 있는 방법을 공유하는 특성을 갖출 수도 있습니다.

코예커플 블로그는 IT 주제에 전문성을 갖기로 결정했고 6개월 동안 다른 블로거와 큰 차별점 없이 운영했습니다. 그 덕분에 정체기를 경험했고, 이후 경쟁력을 갖추려고 부부가 함께하는 블로그라는 점을 전략적으로 강화했습니다. 예를 들어 '모바일 디바이스' 리뷰라면 남편은 안드로이드 기기와 삼성전자 등을 주로 다뤘고, 아내는 iOS 기기와 애플 등에 집중했죠. 서로 전문성을 다르게 해서 글을 쓰다 보니 같은 디바이스도 관점이 달라서 다른 블로거와 차별성을 갖게 되었습니다.

코예커플 블로그의 차별화 예시
- **블로그 전략:** 부부가 함께하는 블로그
- **블로그 주제:** 모바일 디바이스 리뷰

남편이 쓴 모바일 디바이스 리뷰 — 안드로이드 기기와 삼성전자 등

아내가 쓴 모바일 디바이스 리뷰 — iOS 기기와 애플 등

글을 꾸준히 쓰려면 열정을 잃지 않아야 하므로 자신이 관심 있는 분야와 전문성을 살펴보고 대표 주제를 설정하는 것이 좋습니다. 관심 없는 주제로는 블로그를 오래 운영하지 못할 가능성이 크기 때문입니다.

물론 처음부터 딱 알맞은 주제를 선택하면 좋겠지만 도대체 무엇을 어떻게 선택해야 할지 모르겠다면 네이버 인플루언서에서 분류해 놓은 주제 가운데 3개를 추려 보세요. 그리고 한 달쯤 글을 써보고 가장 재밌는 주제를 선택하는 것도 좋은 방법입니다.

네이버 인플루언서에서 분류해 놓은 주제

네이버 블로그는 다른 플랫폼보다 장기간 성실하게 운영하는 것이 가장 중요합니다. 단기간의 인기를 쫓기보다 장기적인 관점에서 지속할 수 있는 주제를 선택하기 바랍니다.

글을 꾸준히 쓰는 것은 블로그 성공의 핵심입니다. 그래서 '1일 1포스팅(줄여서 1일 1포)'으로 챌린지를 하는 경우도 있는데, 블로그 성장이라는 중요성 면에서 볼 때 반은 맞고 반을 틀리다 할 수 있습니다.

매일 포스팅을 올리더라도 양질의 콘텐츠를 발행하는 것이 중요합니다. 1일 1포를 채우겠다고 블로그 주제와 맞지 않는 글이나 다른 사람의 글을 짜깁기하여 올리면 오히려 독이 됩니다. 일상에서 양질의 글쓰기를 꾸준히 하는 습관을 유지하려면 어떤 게 중요한지 5가지로 정리해 보았습니다.

작은 목표부터 시작하세요!

처음에는 매일 500자쯤 되는 짧은 글로 시작하는 것이 좋습니다. 강의를 하다 보면 코예커플처럼 긴 글을 쓸 자신이 없어서 시작조차 못 하겠다는 분들을 많이 봤습니다. 블로그 글은 길게 쓴다고 해서 꼭 좋은 것만은 아닙니다. 독자가 집중해서 읽을 만한 글을 쓰는 연습이 중요합니다.

목표는 점차 늘려 나가세요!

글을 꾸준히 쓰면서 글의 길이와 포스팅 빈도를 차차 늘려 나가는 것이 중요합니다. 처음부터 글을 하루에 1개씩 올리겠다고 목표를 세운다면 금방 지쳐서 포기할 수 있습니다.

블로그는 유튜브 등의 다른 플랫폼처럼 알고리즘을 타는 일이 거의 없어서 완성도 높은 글을 꾸준하게 올리는 게 중요합니다. 목표를 처음부터 무리하게 세우기보다 큰 목표를 작은 단계로 나누어 단계별 목표를 설정하고 일정을 세워 계획한 대로 실행하는 것이 좋습니다. 예를 들어 '이번 달은 게시글을 매주 3개씩 작성한다'처럼 단계별 목표를 설정할 수 있습니다.

일정 관리는 필수입니다!

처음부터 전업 블로거가 되려고 직장을 그만두고 블로그를 운영하는 사람은 극히 드뭅니다. 그래서도 안 되고요. 그러다 보니 블로그 포스팅이 우선순위에서 밀려나 업로드를 못 하는 날이 많아질 수 있습니다. 글쓰기 우선순위를 조금이라도 높이려면 자신의 하루 일정에 확실히 추가해야 합니다. 블로그를 지속적으로 운영하고 싶다면 글쓰기 시간을 확보하고 일정을 꼭 지키도록 노력해야 합니다.

전업 블로거가 되기 전 코예커플은 학교와 회사를 다니며 점심 자투리 시간, 퇴근 후 30분, 주말 데이트에서 1시간 등 시간을 정해서 포스팅했습니다. 그 당시에는 글 하나를 작성하는 데 시간이 오래 걸렸지만, 지금은 생성형 AI를 활용해 20~30분이면 1포스팅이 가능해졌습니다. 여러분도 일상의 자투리 시간을 활용해 보기 바랍니다.

방해 요소도 차단하세요!

일상 시간을 어렵게 쪼개서 블로그 글쓰기 시간을 확보했다면 그다음엔 집중해서 글 쓰는 것이 중요합니다. 완성도가 떨어져 보이더라도 일단 글을 완성해 봅시다. 글을 쓰는 동안 스마트폰 알림을 끄고 소셜 미디어 접속을 금지하는 등 방해 요소를 차단해 보세요. 집중력이 높아져서 글 쓰는 속도가 붙을 것입니다.

수익을 내보는 연습도 하세요!

목표를 달성했을 때 자신에게 보상하는 것도 글을 꾸준히 쓰는 데 도움이 될 수 있습니다. 블로그 초보자가 수익을 얻을 수 있는 가장 쉬운 2가지 방법으로 네이버 애드포스트와 체험단이 있습니다.

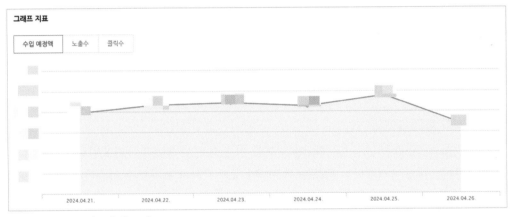

실제 애드포스트 광고 수입 그래프

먼저 네이버 블로그는 **애드포스트**라는 광고 수입 프로그램을 운영합니다. 네이버 애드포스트는 포스팅 내 특정 영역에 네이버가 광고를 게재하고 해당 광고를 클릭하거나 전환해서 발생하는 수익을 네이버와 블로그 운영자가 나누는 프로그램입니다. 이 프로그램에서는 초보자에게도 블로그로 수익을 창출할 수 있는 기회를 제공합니다. 단, 19세 미만은 가입할 수 없습니다. 처음부터 월 천만 원 같은 큰 계획을 세운다면 쉽게 포기할 수 있습니다. 예를 들어 애드포스트 비용으로 치킨값 벌기부터 시작하여 차근차근 블로그로 수익을 올려 보기 바랍니다.

두 번째 방법으로 **체험단/협찬**이 있습니다. 제품이나 서비스를 무료로 체험하고 블로그에 후기를 작성하는 방법입니다. 체험단을 하면 무조건 블로그 저품질로 간다고 주장하는 사람도 있지만 사실이 아닙니다. 체험단이나 협찬받은 제품도 직접 경험해 보고 독자에게 정확한 정보를 전달할 수 있다면 좋은 문서로 평가받을 수 있습니다. 체험단을 잘 활용하면 블로그 콘텐츠를 풍성하게 만들 수 있고, 제품 홍보 경험까지 쌓을 수 있으니 좋은 기회가 될 것입니다. 여기에 수익까지 올린다면 1석 3조의 효과를 얻을 수 있죠.

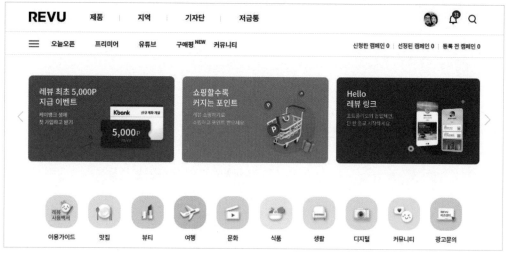

전문 체험단을 모집하는 레뷰 웹 사이트(revu.net)

협찬받는 방법은 여러 가지 있는데, 그중에서도 개인 연락(이메일, 댓글, 쪽지 등)을 통한 제안 수락 또는 기업과 블로거를 연결해 주는 플랫폼(레뷰 등)을 통한 신청이 주를 이룹니다.

개인 연락을 통한 협찬 제안

개인 연락을 통한 협찬은 약속을 유연하게 조정할 수 있고 더 큰 혜택을 제공받을 수 있다는 게 장점입니다. 코예커플의 주요 수입원도 개인 연락으로 이루어집니다.

절대 하지 말아야 할 체험단도 있습니다. 바로 단순 원고 업로드입니다. 일정 금액을 줄 테니 업체에서 제공하는 원고와 사진을 그대로 올려 달라는 건데요. 이는 [스페셜 1]에서 다뤘던 저품질 콘텐츠의 특징에 부합합니다.

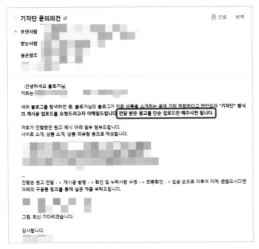

단순 원고와 사진을 업로드하는 작업은 저품질 블로그로 향하는 지름길이므로 절대 해서는 안 됩니다.

협찬 이메일 제안

다른 블로거와 교류하면 더욱 빠르게 성장합니다!

온라인 또는 오프라인에서 다른 블로거와 소통하는 것도 글을 꾸준히 쓰는 데 도움이 됩니다. 상대방의 글을 읽고 피드백을 주고받는 것도 좋은 방법입니다. 다른 블로거들이 글 올리는 것을 보면서 동기 부여를 받고 관련 정보를 공유할 수 있기 때문입니다.

원 소스 멀티 유즈!
블로그 글을 인스타그램과 유튜브로!

#인스타그램 #유튜브 #인플루언서 #플랫폼 #협업 #수익창출 #팔로워 #브랜드가치 #숏폼

잘나가는 인플루언서는 다양한 플랫폼을 활용하여 메시지를 전달합니다. 인스타그램과 유튜브 등의 플랫폼을 함께 운영하면 독자들과 쉽게 소통할 수 있을 뿐 아니라 자신의 브랜드를 구축하고 광고주와 협업해서 더 많은 수익을 창출할 수 있기 때문입니다. 이렇듯 단순히 플랫폼 하나에만 국한하지 않고 여러 채널에서 다양한 방식을 활용하면 독자는 물론 팔로워와 소통하면서 브랜드 가치를 높일 수 있습니다.

블로그 글을 인스타그램 콘텐츠로 변환하기

생성형 AI를 활용하면 긴 텍스트로 이뤄진 블로그 글을 짧은 인스타그램 텍스트 형태로 요약하고, 글에 어울리는 해시태그까지 지정할 수 있습니다.

◆ **이렇게 써보세요!**

<작성한 글>을 인스타그램에 올릴 수 있게 바꿔 줘.

지난 여행 포스트를 생성형 AI의 프롬프트 창에 복사, 붙여넣기 하여 다음과 같이 요청해 보았습니다.

> 다음 글을 인스타그램에 올리려고 해. 인스타그램에 어울리는 스타일로 변환하고, 해시태그도 추천해 줘.
>
> --
> 벚꽃을 너무나 좋아하는 예딩입니다.
> 서울은 이제 벚꽃이 끝물이라
> 너무너무 아쉬운데요.

파주에는 아직 벚꽃이 다 안 폈다는
이야기를 듣고 벚꽃 보러 북으로 북으로~
다녀왔습니다. ㅎㅎ

이렇게 멋진 벚꽃 터널이 있는 곳은
파주 마장호수 감사교육원이에요.

(... 생략 ...)

저처럼 벚꽃 좋아하는 분들은
더 오래 볼 수 있도록 북쪽 방향으로
벚꽃 구경하러 다녀오세요~

오늘 예쁜 벚꽃 볼 수 있게
시간을 내 준 남편,
늘 감사하고 사랑합니다!

 챗GPT　여기 인스타그램에 올리기 좋은 스타일로 변환한 글과 해시태그 추천입니다.

벚꽃이 만발한 봄, 서울의 벚꽃은 이제 거의 다 지나가 버렸어요. 너무 아쉽죠? 하지만! 파주에는 아직 벚꽃이 활짝 피어 있다고 해서 다녀왔답니다.

파주 마장호수 감사교육원, 그곳에는 정말 아름다운 벚꽃 터널이 있어요. 서울보다 날씨가 쌀쌀해서 벚꽃이 더 늦게 피어난다네요. '파베리아'라 불릴 만큼 추운 파주에서 봄의 마지막을 잡았습니다.

영상을 통해 그 아름다움을 담아봤어요. 스크롤하면서 벚꽃의 매력에 푹 빠져보세요!

그 외에도 고양시 지축예비군훈련장부터 은평한옥마을까지 이어지는 긴 벚꽃길도 방문했어요. 도로는 넓지만 만개한 벚꽃이 온 세상을 환하게 밝혀주더군요.

벚꽃이 다 떨어져버린 연신내를 지나며 이번 주 안에 송추, 파주 쪽 벚꽃도 조금씩 지기 시작할 것 같아요. 벚꽃을 사랑하는 분들은 지금이 마지막 기회일지도 몰라요. 북쪽으로 벚꽃 구경 가시는 건 어떨까요?

남편과 함께 할 수 있어 더욱 뜻깊었던 하루. 항상 고마워요, 사랑해요!

해시태그 추천
#벚꽃 #파주 #봄나들이 #벚꽃구경 #벚꽃터널 #마장호수 #감사교육원 #파베리아 #경기도고양시 #은평한옥마을 #벚꽃드라이브 #봄꽃 #한국의봄 #사랑하는날들

이 글과 해시태그들로 인스타그램 포스팅을 멋지게 완성해보세요!

블로그 글을 인스타그램 콘텐츠로 만들어 포스팅한 결과물

인스타그램은 이미지와 비디오를 중심으로 한 플랫폼이므로 적당히 짧고 간결한 글이 더 효과적입니다. 이러한 특성에 맞춰 긴 블로그 글을 짧게 바꿔 주었습니다. 또한 이모지까지 적절히 넣어 감정이나 분위기를 표현해 주었습니다. 이렇게 생성형 AI를 활용하면 긴 블로그 글도 간단한 프롬프트로 요청해서 인스타그램에 올릴 게시글을 빠르게 완성할 수 있습니다.

블로그 글을 유튜브 영상 기획서로 변환하기

유튜브 영상을 만들려면 기획 단계에서 시간이 많이 걸립니다. 어떤 장면을 어떤 구도로 찍을지, 또 어느 정도 나와야 하는지, 자막이나 효과는 어떻게 넣어야 할지 따져 봐야 할 요소가 많기 때문입니다. 블로그와 유튜브를 동시에 운영한다면 생성형 AI를 활용해서 블로그 글을 유튜브 영상으로 만들 수 있도록 기획을 세워야 합니다.

◆ 이렇게 써보세요!

<작성한 글>을 <영상 길이>의 유튜브 쇼츠 영상으로 만들려면 어떤 장면을 넣어야 할지 정리해 줘.

챗GPT

유튜브 쇼츠 영상을 위한 구성을 다음과 같이 제안드립니다:

1. 초기 장면(0-5초):
- 장면: 서울의 벚꽃 풍경이 점차 사라지는 모습을 보여줍니다.
- 자막: "서울의 벚꽃, 이제 거의 끝물..."
- 효과: 슬로우 모션으로 벚꽃잎이 떨어지는 모습.

2. 중간 장면(5-15초):
- 장면: 파주 마장호수 감사교육원의 아름다운 벚꽃 터널을 걷는 모습.
- 자막: "파주 마장호수, 벚꽃의 마법!"
- 효과: 트래킹 샷으로 벚꽃 터널을 따라가는 카메라.

3. 하이라이트 장면(15-20초):
- 장면: 경기도 고양시와 은평한옥마을을 잇는 긴 벚꽃길을 보여주며, 사람들이 산책하고 사진을 찍는 모습.
- 자막: "경기도 고양시, 벚꽃이 만발한 거리!"
- 효과: 드론 샷으로 위에서 보는 광경.

4. 마무리 장면(20-30초):
- 장면: 벚꽃이 활짝 핀 도로를 따라 차량이나 사람들이 이동하는 모습.
- 자막: "벚꽃의 계절이 가기 전에, 북쪽으로의 여행을!"
- 효과: 빠르게 전환되는 클립들로 에너지를 더하고, 마지막에는 "시간을 내준 사랑하는 사람에게 감사하며..."라는 자막으로 마무리.

이런 구성은 시청자의 관심을 끌면서 벚꽃의 아름다움을 전달할 수 있고, 각 장소의 특색을 강조하여 영상의 다양성을 더할 것입니다. 각 장면은 독특한 시각적 효과와 함께 자막을 통해 간략하게 설명되어야 시청자가 쉽게 이해할 수 있습니다.

영상을 기획할 때는 강렬한 인상을 남길 수 있도록 다음 3가지 요소를 고려해야 합니다.

첫째, 시청자의 주목을 끌 수 있는 강렬한 장면을 선택하는 것이 중요합니다.
둘째, 메시지를 명확하게 전달할 수 있도록 자막을 간결하게 표현합니다.
셋째, 전체 분위기가 드러나도록 효과를 설정합니다.

생성형 AI에게 이러한 3가지 요소를 잘 조합한 영상 기획을 만들어 달라고 요청하면 영상을 제작할 때 큰 도움이 됩니다.

실제로 최근 다녀온 여행 영상을 생성형 AI의 도움을 받아 만들어 보았습니다. 촬영부터 편집 노하우까지 도움을 받으니 시간이 훨씬 절약됩니다.

블로그 글을 바탕으로 해서 만든 유튜브 쇼츠 영상

여러 콘텐츠를 블로그 글로 변환하기

#챗GPT #GPTs #콘텐츠 #동영상요약 #웹페이지요약 #복스스크립트 #코파일럿 #웹파일럿

앞서 블로그 글을 다른 콘텐츠로 만들어 보았다면, 이번엔 반대로 여러 콘텐츠를 블로그 글로 변환해 보겠습니다. 이 또한 생성형 AI와 함께 진행한다면 거뜬하게 해낼 수 있습니다. 여기에서는 유튜브 영상과 웹 페이지 내용을 요약해서 블로그 글로 바꿔 보겠습니다.

하면 된다! ⟩ 챗GPT로 유튜브 영상을 블로그 글로 변환하기 — GPT 탐색 기능

챗GPT에서는 GPT 탐색 기능을 제공합니다. GPT 탐색이란 챗GPT의 기능을 확장하기 위해 생성된 외부 추가 기능으로, 확장 프로그램이나 플러그인처럼 활용할 수 있습니다. 그중에서 유튜브 영상을 요약하는 기능으로 '복스스크립트(VoxScript)'를 추천합니다.

복스스크립트 로고

▶ 'GPT 탐색' 기능은 GPTs라고도 합니다. 즉, GPTs는 사용자가 정의한 목적에 맞게 학습시킨 GPT 모델(맞춤형 GPT)로, 사용자가 입력한 텍스트를 이해해서 주어진 목적에 맞는 답변을 생성하는 기술을 갖추고 있습니다.

먼저 유튜브 영상 요약 기능을 제공하는 복스스크립트를 찾아 추가해 보겠습니다.

1. 챗GPT 웹 사이트(www.chatgpt.com)에 접속한 후 왼쪽 메뉴에서 [GPT 탐색]을 클릭합니다.

2. ❶ GPT 검색 창에서 voxscript를 입력합니다. GPTs가 여러 개 보이는데 그중에 가장 많이 설치한 것을 찾아서 선택합니다. ❷ 여기에서는 맨 위에 있는 GPTs를 선택해 Voxscript 창이 열리면 아래쪽에서 ❸ [채팅 시작]을 클릭합니다.

3. 요약할 유튜브 영상의 URL 주소를 복사해서 프롬프트 창에 붙여 넣고 5개 문장으로 요약해 달라고 요청합니다.

> https://www.youtube.com/watch?v=f1J38FlDKxo
> 동영상 하이라이트 요약 5개 문장으로 요약해 줘.

복스
스크립트

1. 애플 이벤트는 새로운 iPad Air, iPad Pro와 Apple Pencil Pro를 소개하는 자리로, iPad Air는 11인치와 13인치 두 가지 크기로 출시되며, M2 칩을 탑재하여 성능이 크게 향상되었습니다.

2. 새로운 iPad Pro는 두께가 얇아지고 성능이 강화된 M4 칩을 탑재하여, 더 높은 해상도와 밝기를 제공하는 OLED 디스플레이를 갖추고 있습니다.

3. iPad Pro는 성능이 크게 향상된 GPU와 CPU를 탑재하여, 다양한 전문 작업에 적합한 강력한 성능을 발휘합니다.

4. iPadOS의 고급 기능들을 통해 프로페셔널 사용자들이 더 많은 앱을 동시에 사용할 수 있도록 지원하며, AI 기능도 강화되었습니다.

- Final Cut Pro와 Logic Pro 2가 iPad에서 제공되며, 이를 통해 창작자들이 더욱 편리하고 강력한 작업 환경을 제공받을 수 있습니다.

4. 새롭게 출시한 아이패드 정보를 간략하게 요약한 것을 확인할 수 있습니다. 이 내용을 토대로 블로그 포스트 작성을 요청하면 됩니다.

> 다음 내용을 토대로 블로그 포스트를 1000자로 작성해 줘.

복스
스크립트

Apple의 최신 혁신: 새로운 iPad Air와 iPad Pro 출시

2024년 5월 7일, Apple은 새로운 iPad Air와 iPad Pro를 공개하는 특별 이벤트를 개최했습니다. 이번 이벤트에서는 Apple의 최신 기술과 디자인 혁신을 담은 두 제품이 소개되었으며, 그 중심에는 강력한 성능과 놀라운 디스플레이 기술이 있었습니다.

새로운 iPad Air: 더 크고 강력한 두 가지 크기

새로운 iPad Air는 11인치와 13인치 두 가지 크기로 출시되었습니다. Apple은 이번 iPad Air 에 M2 칩을 탑재하여 성능을 크게 향상시켰습니다. M2 칩은 더 빠른 CPU와 GPU를 제공하며, 새로운 iPad Air는 이전 모델보다 최대 50% 더 빠른 성능을 자랑합니다. 이러한 성능 향상은 사용자가 다양한 창의적 작업과 생산성 작업을 더 효율적으로 수행할 수 있도록 도와줍니다.

(... 생략 ...)

이렇게 GPT 탐색의 복스스크립트 기능을 이용하면 정보성 동영상뿐만 아니라 브이로그, 여행기, 먹방 등 다양한 주제로 동영상을 요약할 수 있으니 꼭 사용해 보기 바랍니다. 이 기능은 코파일럿에서도 사용할 수 있습니다. 코파일럿으로 유튜브 영상을 블로그 글로 변환하는 방법을 실습해 보겠습니다.

하면 된다! ⟩ 코파일럿으로 유튜브 영상 요약하기

최신 엣지 브라우저에는 코파일럿 메뉴가 추가되었습니다. 엣지 브라우저로 유튜브 영상을 보면서 화면 오른쪽 위에서 Copilot 아이콘을 누르면 현재 재생되는 영상을 글로 요약해 달라고 요청할 수 있습니다.

1. ❶ 엣지 브라우저에서 요약하고 싶은 유튜브 영상에 접속한 후 **❷** 화면 오른쪽 위에 있는 Copilot 아이콘을 선택하고 **❸** [동영상 하이라이트 생성하기]를 클릭합니다. 여기에서는 애플의 이벤트 영상을 사용하겠습니다.

- 애플의 이벤트 영상 URL 주소: https://www.youtube.com/watch?v=f1J38FIDKxo

2. 코파일럿에게 애플의 이벤트 영상을 요약해 달라고 요청했더니 다음과 같은 답변을 받았습니다.

> 애플의 이벤트 영상을 요약해 줘.

코파일럿

PART 1비디오 요약

이 비디오는 Apple의 5월 7일 이벤트를 다루며, 새로운 iPad Air와 iPad Pro 모델을 소개합니다. 이벤트는 Apple Park에서 진행되었으며, 혁신적인 기술과 강력한 성능을 갖춘 제품들이 공개되었습니다.

하이라이트:
- 00:50^3 Apple Park에서의 환영 인사
  - 중요한 발표가 예고됨
  - iPad가 주요 주제임
- 01:06^3 Apple Vision Pro와 MacBook Air 업데이트
  - 혁신적인 제품 출시 소식
  - 사용자 경험과 시장 반응 공유

(... 생략 ...)

제품 소개 영상은 여러 정보를 한꺼번에 보내 줘서 핵심을 파악하기 어려운 경우도 있습니다. 이럴 때 동영상 요약 기능을 활용하면 매우 유용합니다. 하이라이트 생성 속도도 빨라서 만족스럽고요. [하이라이트] 아래 소제목을 클릭하면 해당하는 곳으로 이동해서 내용을 직접 확인할 수 있으므로 정말 편리합니다. 이 기능은 특히 해외 영상이나 익숙하지 않은 분야의 내용을 쉽게 이해할 수 있도록 돕습니다.

3. 유튜브 영상을 요약한 하이라이트를 이번에는 전문가 스타일의 블로그 포스트 글쓰기 방법으로 바꿔 달라고 코파일럿에게 요청해 보겠습니다.

▶ 전문가 스타일 글쓰기 기법은 03-1절을 참고하세요.

> 이 내용을 토대로 블로그 포스트를 전문가 톤으로 작성해 줘.

🖊 코파일럿

애플의 최신 혁신: 새로운 iPad Air와 iPad Pro

애플은 5월 7일, Apple Park에서 열린 화려한 이벤트를 통해 새로운 iPad Air와 iPad Pro 모델을 선보였습니다. 이번 발표는 기술의 최전선에서 애플이 어떻게 사용자 경험을 재정의하고 있는지를 보여주는 중요한 순간이었습니다.

환영 인사와 업데이트

이벤트는 Apple Park의 환영 인사로 시작되었으며, 애플은 Apple Vision Pro와 MacBook Air의 업데이트를 발표했습니다. 이는 애플이 시장의 요구에 얼마나 빠르게 반응하고 있는지를 보여주는 증거입니다.

새로운 iPad Air

새로운 iPad Air는 11인치와 13인치 두 가지 모델로 출시되었습니다. 강화된 성능과 새로운 디자인은 애플 제품에 대한 기대를 한층 높였습니다. 이는 창의적인 전문가들과 학생들에게 더욱 강력한 도구를 제공할 것입니다.

iPad Pro의 새로운 장

iPad Pro는 M4 칩을 탑재하여 최첨단 기술과 성능을 자랑합니다. 혁신적인 디스플레이는 사용자에게 전례 없는 시각적 경험을 제공할 것입니다. 애플은 이를 통해 태블릿 시장에서의 리더십을 더욱 공고히 할 것으로 보입니다.

이번 이벤트는 애플이 기술 혁신을 통해 어떻게 시장을 선도하고 있는지를 잘 보여줍니다. 새로운 iPad Air와 iPad Pro는 애플의 끊임없는 혁신 정신과 사용자 경험에 대한 깊은 이해를 반영한 결과물입니다. 앞으로도 애플은 계속해서 우리의 일상을 변화시킬 혁신적인 제품들을 선보일 것입니다.

이처럼 유튜브 영상을 토대로 프롬프트를 단 한 번 작성해도 블로그 포스트를 쉽게 끝낼 수 있습니다. 단, 요약 내용은 영상을 직접 시청하면서 정확한지 반드시 확인해야 합니다. 영상 내용을 조금 더 자세히 알고 싶다면 프롬프트에 "이 영상을 더 자세히 설명해 줘."처럼 추가로 검토하는 작업을 요청하세요.

웹 페이지를 블로그 글로

챗GPT를 활용해서 뉴스 기사나 블로그 포스트 등 내용이 긴 웹 페이지를 요약해서 블로그 포스트로 작성할 수 있습니다. 앞서 실습에서 챗GPT를 활용해 유튜브 영상을 요약하는 방법과 마찬가지로 이러한 기능을 제공하는 GPT를 추가해야 합니다. 웹 페이지 요약 기능을 제공하는 '웹파일럿(WebPliot)'을 찾아서 추가하고 사용하는 방법을 알아보겠습니다.

웹파일럿 로고

하면 된다! ▶ 챗GPT로 웹 페이지 요약하기

1. 챗GPT의 왼쪽 메뉴에서 [GPT 탐색]을 선택합니다.

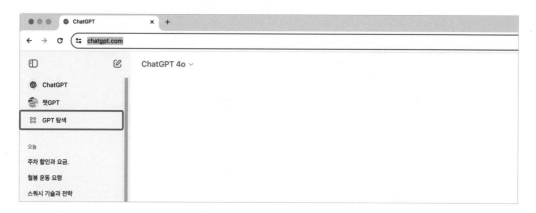

2. ❶ GPT 검색 창에 webpliot을 입력합니다. ❷ GPT가 여러 개 보이는데 그중에 가장 많이 설치한 것을 찾아서 선택합니다. ❸ WebPilot 창이 열리면 맨 아래에서 [채팅 시작]을 클릭합니다.

▶ 2번 단계까지 하면 챗GPT 왼쪽 메뉴에 [WebPilot]이 나타납니다.

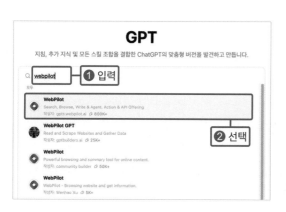

3. ❶ 웹파일럿의 프롬프트 창에 요약할 웹 페이지의 URL 주소를 복사, 붙여넣기합니다. 그리고 다음과 같이 ❷ 애플의 세계 개발자 컨퍼런스 소식을 간단한 문장 5개로 요약해 달라고 ❸ 웹파일럿에게 요청합니다.

▶ 챗GPT 왼쪽 메뉴에서 [WebPilot]을 선택하거나 **프롬프트** 창에 @webpilot을 입력해 웹파일럿을 호출해서 사용할 수도 있습니다.

◉ 이렇게 써보세요!

\<URL 복사 & 붙여넣기\> 웹 페이지를 요약해 줘.

\<URL 복사 & 붙여넣기\> 웹 페이지를 5개 문장으로 간략하게 요약해 줘.

> https://www.apple.com/kr/newsroom/2024/05/apples-worldwide
> -developers-conference-to-kick-off-june-10-with-keynote-address/
> 웹 페이지를 5개 문장으로 간략하게 요약해 줘.

웹파일럿

1. 애플 이벤트는 새로운 iPad Air, iPad Pro와 Apple Pencil Pro를 소개하는 자리로, iPad Air는 11인치와 13인치 두 가지 크기로 출시되며, M2 칩을 탑재하여 성능이 크게 향상되었습니다.

2. 새로운 iPad Pro는 두께가 얇아지고 성능이 강화된 M4 칩을 탑재하여, 더 높은 해상도와 밝기를 제공하는 OLED 디스플레이를 갖추고 있습니다.

3. iPad Pro는 성능이 크게 향상된 GPU와 CPU를 탑재하여, 다양한 전문 작업에 적합한 강력한 성능을 발휘합니다.

4. iPadOS의 고급 기능들을 통해 프로페셔널 사용자들이 더 많은 앱을 동시에 사용할 수 있도록 지원하며, AI 기능도 강화되었습니다.

— Final Cut Pro와 Logic Pro 2가 iPad에서 제공되며, 이를 통해 창작자들이 더욱 편리하고 강력한 작업 환경을 제공받을 수 있습니다.

4. 애플의 세계 개발자 컨퍼런스 소식을 짧게 5개 문장으로 요약하니 쉽게 읽을 수 있습니다. 이를 토대로 웹파일럿에게 전문가 스타일로 블로그 포스트를 작성해 달라고 요청해 보겠습니다.

> 답변을 토대로 블로그 글을 전문가 스타일로 작성해 줘.

웹파일럿

Apple 세계 개발자 컨퍼런스 2024: 혁신과 학습의 일주일

Apple이 매년 개최하는 세계 개발자 컨퍼런스(WWDC)가 2024년 6월 10일부터 14일까지 온라인으로 열린다. 이번 행사에서는 전 세계 개발자 커뮤니티가 iOS, iPadOS, macOS, tvOS, visionOS, watchOS에 도입되는 최신 기술과 도구, 프레임워크에 대해 배울 수 있는 다양한 기회를 제공한다.

키노트 발표와 Platforms State of the Union

6월 10일 오전 10시(쿠퍼티노 현지 시각)에 시작되는 키노트 발표는 이번 WWDC의 하이라이트다. Apple은 올해 하반기에 선보일 획기적인 업데이트를 소개하며, 개발자들에게 미래의 방향성을 제시할 예정이다. 키노트 발표는 apple.com, Apple Developer 앱, Apple TV 앱, Apple YouTube 채널을 통해 라이브 스트리밍으로 제공되며, 이후 온디맨드 영상으로도 시청할 수 있다.

(… 생략 …)

이번 WWDC24에 대한 자세한 내용과 세션 정보는 Apple Developer 앱과 웹사이트에서 확인할 수 있다. 혁신적인 앱과 게임 개발을 위한 소중한 가이드를 얻을 수 있는 이번 행사를 절대 놓치지 말자.

외국어로 작성한 웹 페이지도 프롬프트 창에 "웹 페이지를 한국어로 요약해 줘."라고 입력하면 우리말로 번역하여 보여 줍니다. 단, 이 웹파일럿 기능은 유료 구독자만 사용할 수 있다는 점이 아쉬운데요. 코파일럿을 활용하면 웹 페이지 요약 기능을 무료로 사용할 수 있다는 점도 알아 두세요.

하면 된다! ﹥ 코파일럿으로 웹 페이지 요약하기

엣지 브라우저에서 웹 페이지를 열어 놓은 후 화면 오른쪽 위에 있는 Copilot 아이콘을 클릭해 활성화하면 웹파일럿처럼 내용을 요약해 달라고 요청할 수 있습니다. 자세한 설명은 바로 앞에서 실습한 [하면 된다!]를 참고하세요.

1. ❶ 엣지 브라우저에서 요약하고 싶은 웹 페이지를 띄웁니다. 여기에서는 애플의 세계 개발자 컨퍼런스를 다룬 웹 페이지를 사용하겠습니다. ❷ 그리고 화면 오른쪽 위에 있는 Copilot 아이콘을 선택하고 ❸ [페이지 요약 생성]을 클릭합니다.

다른 방법으로 코파일럿 프롬프트 창에 다음과 같이 웹 페이지를 간단히 요약해 달라고 입력해서 요청해도 됩니다. 또는 프롬프트 창에서 [페이지 요약 생성]을 클릭합니다.

◉ 이렇게 써보세요!

<페이지 요약> 생성해 줘.

---

2. 코파일럿이 웹 페이지를 요약해서 보여 줍니다. 웹 페이지 끝까지 스크롤해서 내리지 않아도 내용 전체를 볼 수 있어서 편리합니다.

3. 문서 내용 가운데 한 곳을 클릭하면 코파일럿이 왼쪽 창에서 그와 관련된 내용에서 중요한 부분만 간략하게 요약해서 보여 줍니다. 외국어 웹 페이지에서도 이 요약 기능을 사용할 수 있습니다.

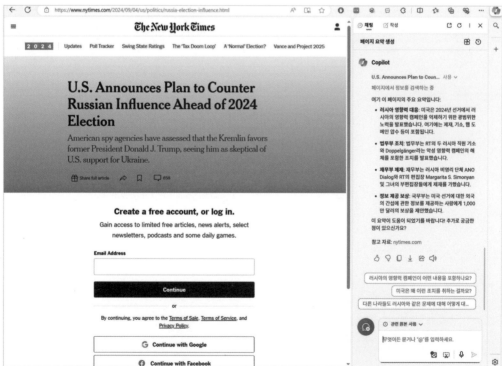

코파일럿의 요약 기능이 챗GPT보다 좋은 점은 요약 내용을 클릭하면 웹 페이지에서 해당하는 부분을 찾아서 보여 준다는 것입니다. 이 기능은 내용의 사실 여부를 확인할 수 있어서 매우 편리합니다.

지금까지 살펴본 '유튜브 하이라이트 생성 기능'과 '웹 페이지 요약 기능'은 블로그 포스트 작성에서 매우 중요한 역할을 합니다. 이 두 기능은 정보 수집과 콘텐츠 제작 과정에서 효율성을 높이고 콘텐츠의 질을 향상하며 독자에게 더 큰 가치를 제공할 수 있게 해줍니다. 여러분도 이러한 GPT 탐색 기능을 적극 활용해서 신뢰성 있으면서 매력적인 콘텐츠를 제작해 보세요.

05-4 해외 블로그 만들고 여러 언어로 포스팅하기

#네이버블로그 #구글블로그 #노트블로그

블로그 콘텐츠를 다양한 언어로 번역하는 작업은 글로벌 독자층과 만날 수 있는 효과적인 방법입니다. 한국어로 작성한 글을 영어, 일본어, 중국어 등으로 번역해 준다면 다양한 문화권에 속한 전 세계인과 소통함으로써 국제적인 관심을 끌 수 있습니다. 이번에는 영어권과 일본어권 블로그를 개설하고 번역해서 글 올리는 방법을 소개합니다.

하면 된다! 구글 블로그 개설하고 영문 포스팅 업로드하기

구글 블로그는 영어권뿐만 아니라 구글 검색을 이용하는 다른 나라 사람들도 많이 찾는 진정한 글로벌 블로그입니다. 구글 블로그를 개설하는 방법과 글을 영어로 번역해서 올리는 방법을 알아보겠습니다.

1. 블로거 웹 사이트(blogger.com)에 접속해서 [블로그 만들기]를 클릭합니다.

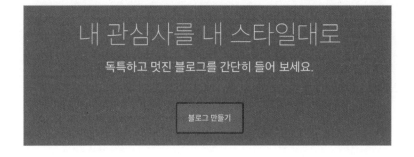

2. 구글 계정만 있으면 블로그를 만들 수 있습니다. 자신의 구글 계정으로 로그인합니다. 만약 구글 계정이 없다면 먼저 구글에 회원 가입을 합니다.

3. 화면 왼쪽 상단에서 [블로그 만들기] 메뉴를 선택합니다.

4. ❶ 블로그 이름을 입력하고 ❷ [다음] 버튼을 클릭한 뒤 ❸ 생성할 블로그 URL 주소를 입력하고 ❹ [저장]을 누릅니다.

5. 이렇게 하면 구글 블로그가 개설됩니다. 이제 왼쪽 메뉴에서 [새 글]을 클릭하면 포스트를 작성할 수 있습니다.

▶ 구글 블로그를 개설한 이후 블로그 디자인 변경이나 블로그 액세스 제어 등은 관리자 페이지에서 설정할 수 있습니다.

6. 챗GPT로 한국어 문장을 영어로 번역해 보겠습니다. 다음과 같이 한글로 작성한 글을 복사해서 챗GPT의 프롬프트 창에 붙여 넣고 영어로 번역해 달라고 요청하면 됩니다.

◉ **이렇게 써보세요!**

<작성한 글>을 <영어>로 번역해 줘.

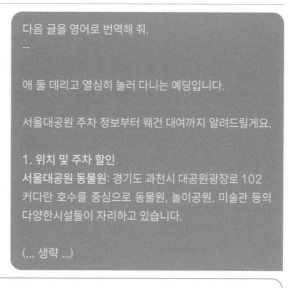

다음 글을 영어로 번역해 줘.
--

애 둘 데리고 열심히 놀러 다니는 예딩입니다.

서울대공원 주차 정보부터 웨건 대여까지 알려드릴게요.

1. 위치 및 주차 할인
서울대공원 동물원: 경기도 과천시 대공원광장로 102
커다란 호수를 중심으로 동물원, 놀이공원, 미술관 등의
다양한시설들이 자리하고 있습니다.

(... 생략 ...)

챗GPT

Here's the translation of the text you provided:

I'm a parent who's been busy taking my two kids out and about.

> The weather has been warm recently, and with the spring flowers blooming, we decided to skip daycare and kindergarten for a day and visited the zoo with the kids.
>
> 1. Location and Parking Discounts
>
> Seoul Grand Park Zoo
>
> 102 Daegongwon-gwangjang-ro, Gwacheon-si, Gyeonggi-do
>
> The park features a variety of facilities centered around a large lake, including the zoo, an amusement park, and art galleries.
>
> (... 생략 ...)

7. 이렇게 생성형 AI를 활용하면 한글로 작성한 긴 블로그 포스트도 영어로 **빠르게 번역**할 수 있습니다. 번역이 완벽하지 않을 수 있으니 마지막으로 살펴보고 어색한 부분은 수정해야 합니다. 번역 사이트인 딥엘(DeepL)이나 파파고(Papago) 등에 영어 문장을 붙여 넣어 한국어로 다시 한번 번역해서 확인하면 좋습니다. 여기에서는 네이버 서비스인 파파고를 활용해 보겠습니다.

파파고(papago.naver.com)에 접속하면 왼쪽 창에는 [영어]로, 오른쪽 창에는 [한국어]로 선택되어 있습니다. ❶ 영어 번역본을 복사해서 파파고의 왼쪽 창에 붙여 넣고 ❷ 맨 아래에서 [번역하기]를 클릭합니다. ❸ 오른쪽 창에 한국어로 번역한 문장이 나타나면 내용에 문제가 없는지 확인합니다.

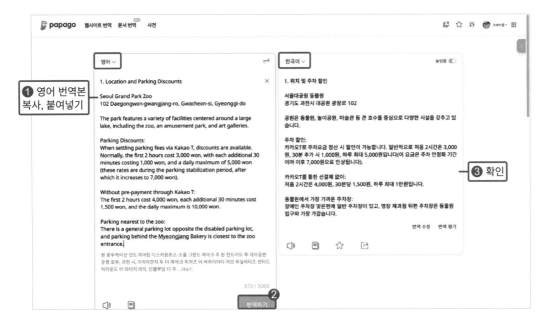

8. 문제가 없으면 이제 영문 번역본을 복사하여 구글 블로그에 붙여 넣어 업로드하면 됩니다.

챗GPT를 활용해 영문으로 번역한 블로그 글

하면 된다! ⟩ 노트 블로그 개설하고 일본어 포스팅 업로드하기

일본의 유명 블로그 플랫폼인 노트(note.com)에 블로그를 개설하고 일본어로 포스팅하는 과정을 소개합니다.

1. 노트 웹 사이트(note.com)에 접속하고 오른쪽 위에서 [会員登録(회원등록)]을 클릭합니다.

2. 외국 사이트라 걱정이 앞서겠지만 이메일 주소로 회원 가입을 하거나 구글, X(트위터), 애플 계정이 있으면 편리하게 연동해서 로그인할 수 있습니다. 코예커플은 구글로 연동 로그인하여 회원 가입을 했습니다.

3. 이메일 주소, 비밀번호, 블로그 주소 등을 입력합니다.

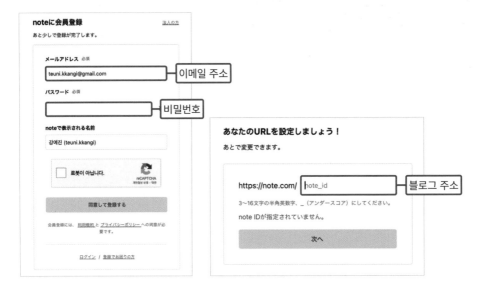

4. 자신의 이메일 계정으로 들어가 노트에서 보내온 이메일을 확인하고 [本登録を完了する(등록 완료)]를 클릭해 본인 인증을 하면 노트 블로그가 생성됩니다.

5. 다시 노트 웹 사이트에 들어가 로그인한 상태로 ❶ 오른쪽 상단에서 [投稿(투고)]를 클릭하고 ❷ [テキスト(텍스트)]를 선택하면 글 작성 화면으로 이동합니다.

6. 이제 한글로 작성한 글을 챗GPT를 이용해 다음과 같이 일본어로 번역해 보겠습니다. 앞의 실습 [하면 된다!]에서 사용한 한국어 문장을 똑같이 사용하겠습니다.

❤️ 이렇게 써보세요!
<작성한 글>을 <일본어>로 번역해 줘.

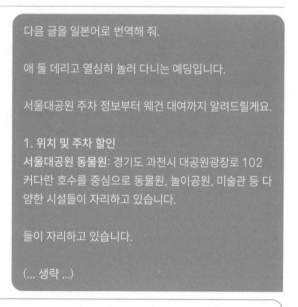

다음 글을 일본어로 번역해 줘.

애 둘 데리고 열심히 놀러 다니는 예딩입니다.

서울대공원 주차 정보부터 웨건 대여까지 알려드릴게요.

1. 위치 및 주차 할인
서울대공원 동물원: 경기도 과천시 대공원광장로 102
커다란 호수를 중심으로 동물원, 놀이공원, 미술관 등 다양한 시설들이 자리하고 있습니다.

들이 자리하고 있습니다.

(... 생략 ...)

🔵 Here's the translation of the text into Japanese:
챗GPT

私は子供二人を連れて忙しく遊びに出かける親です。

最近の天気が暖かく、春の花も咲いているため、保育園と幼稚園を休んで子供たちと動物園に行きました。

場所と駐車割引
ソウル大公園動物園
京畿道果川市大公園広場路102

大きな湖を中心に、動物園、遊園地、美術館など様々な施設があります。

(... 생략 ...)

---

7. 일본어로 번역한 블로그 글에 잘못 표현한 부분은 없는지 일본어 글을 한국어로 다시 번역해 확인하겠습니다. 번역한 일본어 문장을 복사해서 챗GPT의 프롬프트 창에 붙여 넣은 뒤 "한국어로 번역해 줘."라고 요청해 보세요.

▶ 번역 사이트인 딥엘(DeepL)이나 파파고(Papago) 등에서 확인해도 좋습니다.

한국어로 번역해 줘.
場所と駐車割引
ソウル大公園動物園 京畿道果川市大公園広場路102 大きな湖を中心に、動物園、遊園地、美術館など様々な施設があります。 駐車割引: カカオTで精算する場合、割引が適用されます。通常は最初の2時間が3,000ウォン、追加30分ごとに1,000ウォン、1日の最大は5,000ウォンです（これは駐車場安定化期間中の料金で、その後は7,000ウォンになります）。 カカオTで事前に精算しない場合: 最初の2時間が4,000ウォン、追加30分ごとに1,500ウォン、1日の最大は10,000ウォンです。 動物園に近い駐車場: 障害者専用駐車場の向かいの一般駐車場や、明長パン屋の裏側が動物園入口に最も近いです。

챗GPT

장소와 주차 할인

서울대공원 동물원 경기도 과천시 대공원광장로 102

큰 호수를 중심으로 동물원, 놀이공원, 미술관 등 다양한 시설이 있습니다.

주차 할인: 카카오T로 결제할 경우, 할인이 적용됩니다. 보통 처음 2시간은 3,000원, 추가 30분마다 1,000원, 하루 최대는 5,000원입니다(이는 주차장 안정화 기간 중의 요금이며, 그 후에는 7,000원이 됩니다).

카카오T로 사전에 결제하지 않은 경우: 처음 2시간은 4,000원, 추가 30분마다 1,500원, 하루 최대는 10,000원입니다.

동물원 근처 주차장: 장애인 전용 주차장 맞은편의 일반 주차장이나, 명장 빵집 뒤편이 동물원 입구에 가장 가깝습니다.

8. 한국어로 다시 번역한 내용을 살펴보고 문제가 없으면 노트 에디터 페이지에서 일본어 글을 작성한 후 해시태그도 추가하고 공개 여부 설정을 완료하여 업로드합니다.

▶ 해시태그도 챗GPT를 이용해 일본어로 번역해 달라고 요청하면 됩니다.

챗GPT로 내용 검토까지 마친 후 해시태그를 추가하고 공개 여부를 설정한 최종 결과물

지금까지 한국어로 작성한 글을 챗GPT를 이용해 영어와 일본어로 번역한 뒤 해외 블로그에 업로드하는 방법을 알아보았습니다.

챗GPT는 영어, 일본어 외에도 다양한 언어를 지원합니다. 챗GPT의 번역 기능을 활용하면 외국어에 능숙하지 않아도 해외 블로그를 개설할 수 있습니다. 생성형 AI를 활용한 다국어 번역 기능은 블로그의 해외 진출 가능성을 크게 향상해서 글로벌 시장에서 경쟁력을 강화할 수 있습니다. 또한 다양한 언어로 정보를 제공함으로써 더 넓은 독자층과 가까워지고 다문화 이해와 교류를 증진할 수 있습니다.

생성형 AI 덕분에 이렇게 성공했어요!

블로그를 운영하며 글쓰기 습관을 들이는 것은 여러 면에서 유익합니다. 정기적으로 글을 쓰는 습관은 글쓰기 능력을 향상하고 자기 생각을 명확하게 표현하는 데 도움이 됩니다. 또한 블로그를 활용하면 새로운 사람들과 만나고 다양한 관점을 배우며 자신의 네트워크를 확장할 수 있습니다.

생성형 AI의 도움을 받아 수익을 만들어 냈습니다!

코예커플은 IT 블로그 외에 취미로 운영하는 블로그가 여럿 있습니다. 그중에서 육아를 주제로 하는 블로그(blog.naver.com/kang_yejin)에서는 글 작성부터 이미지 생성까지 생성형 AI를 적극 활용하고 있습니다.

체험단 선정 안내문

키즈 풀빌라 체험 포스팅

2023년 육아 블로그의 목표를 '키즈 풀빌라'로부터 협찬 제안을 받아 오겠다고 정했고, 마침내 목표를 성공리에 달성했습니다. 육아 블로그는 아이들이 유치원에 간 시간이나 잠든 밤에 짬을 내어 글을 작성해서 올립니다. 이렇게 일상에서 조금씩 시간을 내어 글을 쓰는 것만으로도 3개월 동안 애드포스트 수익 20만 원과 육아 용품 협찬을 받을 수 있었습니다. 큰 금액은 아니지만 소소한 취미 생활로 시작했던 블로그도 가정 경제에 작은 보탬이 되었다는 점에서 성공 사례라고 할 수 있습니다.

이처럼 작은 목표부터 세우고 블로그를 운형하면 수익 구조를 만들어 낼 수 있습니다. 다시 한번 말하지만 블로그로 수익을 안정적으로 얻으려면 꾸준히 글을 쓰는 것이 가장 중요합니다. 하지만 대부분의 블로그를 소개하는 서적에서는 이와 관련해서 두루뭉술하게 표현하는데요. 생성형 AI를 활용하면 글쓰기 시간을 크게 절약함으로써 효율성이 높아 지속적으로 블로그 포스팅을 하는 데 크게 도움받을 수 있습니다.

생성형 AI 덕분에 글쓰기가 점점 재밌어집니다!

블로그를 운영하면서 가장 큰 장점은 바로 글쓰기가 점점 재밌어진다는 것입니다. 생성형 AI를 활용하면서 글쓰기 부담이 줄어들었고, 그 결과 창의적인 부분에 더 많은 시간을 할애할 수 있기 때문입니다. 이는 블로거로서의 성장뿐만 아니라 개인의 만족감을 높이는 요소로 작용합니다.

블로그의 성공은 단순히 수익 창출에만 국한하지 않습니다. 블로그는 개인이나 기업이 자신의 생각, 지식, 경험을 다른 사람과 공유하고 독자와 소통하며 커뮤니티를 구축하는 플랫폼으로도 활용할 수 있습니다. 따라서 블로그를 통해 소소한 글쓰기 습관을 들이고 일상의 소중한 순간을 기록하는 것도 중요한 가치가 되었습니다.

생성형 AI 도구로 즐거운 블로그 여정을 시작해 보세요!

블로그를 시작하는 것 자체가 즐거운 여정이며 또한 누구나 시도할 수 있다는 것도 매력적입니다. 특히 생성형 AI 같은 도구를 활용하면 더욱 쉽고 효율적으로 글을 쓸 수 있어서 부담도 줄어듭니다. 여러분도 일상생활에서 시간을 쪼개 블로그를 시작해 보세요. 작은 시작이 큰 변화를 가져오는 경험을 할 수 있을 것입니다.

생성형 AI가 인간의 글쓰기에 어떤 영향을 끼칠까요?

챗GPT는 글쓰기 방식에 혁신을 가져왔습니다. 이러다 모든 블로그 글쓰기를 챗GPT가 대체하는 건 아닐까 하는 걱정도 듭니다. 실제로 요즘 원고지에 글을 쓰는 사람이 거의 없듯, 앞으로는 챗GPT를 필두로 한 생성형 AI의 도움을 받지 않고 글을 쓰는 사람도 줄어들 것입니다. 그러나 필자는 챗GPT가 모든 인간의 글쓰기를 대체할 것으로 생각하진 않습니다.
인간에게는 개인의 경험, 감정, 그리고 독특한 시각을 글에 담아내는 능력이 있기 때문이죠. 이러한 인간만의 특성은 생성형 AI가 모방하기 어려운 부분입니다. 문화적 배경이나 사회적 맥락을 이해하고 반영하는 능력 또한 인간만이 가지는 중요한 장점입니다. 실제로 생성형 AI는 데이터와 알고리즘에 기반한 정보 위주의 글은 곧잘 생성하지만, 아직까진 기술적 한계로 인간의 복잡한 사고 과정과 정서를 완벽히 재현하기는 어렵습니다.

그렇기 때문에 생성형 AI를 글쓰기에 접목하는 것을 추천합니다. 특히 배경지식이 부족해 글쓰기에 어려움을 겪거나 시간이 부족한 사람들에게 생성형 AI는 매우 유용한 도구입니다. 결국 생성형 AI와 인간은 상호 보완하는 관계라고 생각합니다. 생성형 AI는 기술 면에서 인간에게 도움을 주고, 인간은 창의력과 감성을 더해 글을 수준 높게 완성할 수 있으며, 이러한 협력 과정을 통해서 풍부하고 다채로운 콘텐츠를 생성할 수 있습니다.
따라서 생성형 AI가 모든 글쓰기를 대체하기보다 글쓰기 능력을 향상하고 인간의 창의력을 강화하는 데 기여할 것입니다.

앞으로 인공지능 기술이 어떻게 발전할지, 그리고 인간과 인공지능의 관계가 어떻게 변화할지는 누구도 정확히 예측하기 어렵습니다. 하지만 기술과 인간의 상호 작용이 가져올 긍정적인 변화는 기대해 볼 수 있습니다. 생성형 AI가 제공하는 기술 지원과 인간의 창의력이 결합한 미래의 글쓰기는 우리가 지금 상상하는 것 이상의 가치를 창출할 것입니다.

이 책이 새로운 변화에 빠르게 적용할 수 있도록 도움이 되었기를 바랍니다.

코예커플(김상준, 강예진) 드림

찾아보기

된다!
하루 만에 끝내는 챗GPT 활용법
— 전면 개정 2판

글쓰기, 영어 공부, 유튜브, 수익 창출도 된다!
인공지능에게 일 시키고 시간 버는 법

프롬프트 크리에이터 지음 | 268쪽 | 17,200원

된다!
생성형 AI 사진&이미지 만들기

정확도를 높이는 프롬프트 글쓰기부터 검증 방법까지!
어떤 인공지능에서도 통하는 프롬프트 작성법

김원석, 장한결 지음 | 260쪽 | 18,000원